Wunder verstehen, Wunder erleben

Wolfhard Margies

Aufbruch Verlag

Die Bibelstellen sind soweit nicht anders angegeben aus der Revidierten Elberfelder Bibel zitiert.

Wunder verstehen, Wunder erleben

Aufbruch-Verlag
der Gemeinde auf dem Weg e.V.
Waidmannsluster Damm 7 c-e, 13507 Berlin
Tel: +49 (0)30-85 79 19 65
Fax: +49 (0)30-85 79 19 80
E-Mail: info@aufbruch-verlag.de
http://www.aufbruch-verlag.de

1. Auflage 2006, (5.000)
ISBN 3-926395-38-9
Druck: freiburger graphische betriebe
Cover: Martin Winter, Dresden

Inhaltsverzeichnis

Vorwort

Dieses Buch sollte eigentlich nur ein kleines Heft mit Thesen zum Thema Glauben für die Gemeinde sein, der ich als Pastor diene. Die Gedanken, um die es in diesen Thesen gehen sollte, erwiesen sich aber dann als so wertvolle Anstöße mit sich schnell einstellenden Auswirkungen, dass ich nicht anders konnte, als sie auszuweiten, weil immer neue praktische Gesichtspunkte erkennbar wurden.

Dennoch ist daraus nicht ein abgerundetes Buch entstanden, das das Thema Glauben in Gänze entfaltet. Es ist, wenn man so will, einseitig, indem es nur auf wenige praktische Themen zielt, die für den Leser von großem Nutzen sein können. Ich verspreche mir davon die stärksten positiven Anregungen für alle Herausforderungen, denen jeder von uns ausgesetzt ist, wie z. B.: Wie erfahre ich Heilung oder wie komme ich aus finanziellen sowie sozialen Problemen heraus. Was muss ich bei mir verändern, damit Gott endlich eingreifen kann? Wie werden seine Wunder in meinem Leben sichtbar?

Um an dieser Front der tausend Alltagsprobleme voranzukommen, können wir einfach nicht genug Ermutigungen bekommen.

Wolfhard Margies

Teil 1

Kapitel 1
Wir alle brauchen Wunder

Die kommenden Zeiten werden uns vor viele Herausforderungen und Probleme stellen. Aber es liegen zu all diesen Bedrängnissen jeweils auch göttliche Antworten und Hilfen bereit, die die Qualität von Wundern haben. Das hat damit zu tun, dass Gott ein Gott der Wunder ist – der großen Wunder, wie an manchen Schriftstellen beteuert wird (siehe Psalm 136, 4). Wunder zu bewirken ist einfach ein Teil des göttlichen Wesens und in Gottes Charakter verankert. Unzählige Bibelstellen belegen das (Psalm 72, 18; Psalm 77, 15; Psalm 86, 10; Psalm 72, 18; Psalm 77, 15 und ca. 50 weitere Schriftstellen).

Wir brauchen diese Wunder. Wir haben zu wenige davon. Wir freuen uns über jegliche Erweisung von Gottes Wunderkraft, aber Gott will sich durch mehr Wunder verherrlichen, so sagt es die Schrift. Es gibt bestimmte Gründe, warum Gott Wunder tun will. Folgende drei Gründe sind besonders zu erwähnen:

1. Gott bewirkt Wunder, weil das, wie bereits erwähnt, zu seiner Natur gehört. Er zeigt darin seine Souveränität und Einzigartigkeit, zum Teil in Übereinstimmung mit seinen Naturgesetzen und zum Teil unter Umgehung bzw. Überwindung dieser Gesetzmäßigkeiten.

2. Gott tut Wunder, weil er ein Gott der Liebe ist und uns auf alle erdenkliche Weise beistehen und helfen will.

3. Gott tut Wunder, weil die meisten Nöte und Bedrängnisse, die wir haben, von einer Art und Umfänglichkeit sind, dass normale Hilfen, die sich durch günstige Entwicklungen vorhandener Umstände ergeben, diese Probleme nicht mehr beseitigen können. Unsere Nöte sind so groß, dass Wunder nötig sind, um sie zu beenden.

Das sind die drei wichtigsten Erklärungen, die sich auf das Warum und Wozu der Wunder beziehen. Dann gibt es noch einen Aspekt, der jedoch für uns nicht gültig sein sollte: Die Sucht danach, dass unsere Neugierde nach Zeichen und Wundern befriedigt wird. Darin drückt sich das Verlangen nach Pläsier und Macht aufgrund von herbeigeführten Wundern aus, zu denen sich Jesus sehr deutlich negativ erklärt hat. Aber der Verweis auf diese unzulängliche Motivation (siehe Matthäus 16, 1-6) darf nicht so weit gehen, dass die Notwendigkeit von Wundern und die Willigkeit Gottes, sie zu geben, gänzlich in Frage gestellt werden. Wir brauchen sie dringend, weil die Not so groß ist.

Ein Wunder herbeizusehnen und es zu benötigen, das ist eine Sache. Deswegen werden die Wunder noch nicht unbedingt kommen. Eine andere Sache ist, die Schritte zu gehen, durch die sie möglich werden. Solche Schritte gibt es, sie sind erlernbar, und wir können anhand der nachfolgenden Anweisungen Jesu gegenüber seinen Jüngern verstehen, wie unser Anmarschweg zu ihnen aussieht.

Üblicherweise verweisen wir uns selbst im Hinblick auf benötigtes Eingreifen Gottes auf die bekannte Schriftstelle: *„Wenn du glaubtest, so würdest du die Herrlichkeit Gottes* (Wunder) *sehen"* (Johannes 11, 40). Dieses Wort ist grundlegend und sinngemäß an vielen anderen Stellen der Schrift zu finden. Aber Jesus will uns die Augen für einen weiteren interessanten Zugang zu Wundern öffnen, der uns zusammen mit Glauben eine ganze Welt von Wundern auftut.

Kapitel 2
Die Gefahr des Nichtverstehens

In Markus 6, 34-44 wird die Speisung der 5.000 Menschen, die Jesus in die Wüste nachgefolgt waren, beschrieben. Das war ein riesiges Versorgungswunder. Jesus hat es bewirkt, aber eigentlich hatte er diesen Beitrag von den Jüngern erwartet. Denn es heißt in Vers 37: *„Gebt ihr ihnen zu essen"*. Sie sollten also für das Wunder der Speisung dieser Menschenmenge glauben. So muss man wohl seine Worte verstehen. Das muss den Jüngern möglich gewesen sein. Aus Jesu Sicht ist es klar, dass ihnen jederzeit übernatürliche Versorgung und überhaupt jeder notwendige übernatürliche Zugriff in den Bereich der jenseitigen Welt, möglich wäre. Und das sogar bis hin zu einer Überflussproduktion, was dann das tatsächlich stattgehabte Wunder beweist.

Wir fragen: Wie kann Jesus nur so denken? Das ist doch nicht zu bewerkstelligen, das ist einfach jenseits aller Glaubensmöglichkeiten!

Seine Gegenfrage: Wie kann man nicht so denken, nachdem die Jünger an seiner Seite bereits Hunderte und Tausende ähnlicher Wunder erlebt haben? Dann muss es doch möglich, ja zu fordern sein, dass man in einer gewissen geradlinigen und wahrhaftigen Weise folgert: Wenn Jesus an anderer Stelle jede Verlegenheit und Not überwunden hat (beginnend mit dem ersten Versorgungswunder der Verwandlung von Wasser in Wein), dann kann er es auch diesmal! Und wenn er uns sagt, dass wir das in seinem Namen tun sollen, dann muss es doch möglich sein. So dachte offensichtlich Jesus von seinen Jüngern damals und denkt es wohl auch über uns heute.

Die Jünger hatten versagt und deshalb musste Jesus an ihrer Stelle das Wunder vollziehen. Bezeichnenderweise hat er dieses ganze Geschehen ohne jegliche Kommentierung gegenüber seinen Jüngern laufen lassen. Das holte er dann im Verlauf der nächsten Begebenheit nach.

Diese ist in Markus 6, 45-52 aufgezeichnet und kam wie folgt zustande: Jesus schickte seine Jünger nach dem Heilungswunder mit dem Boot über das Wasser auf die andere Seite des See Genezareth, während er noch in Ruhe die Volksmassen entlassen wollte. Vermutlich wollte er ihnen die Möglichkeit der Erholung gewähren, während er selbst auf einen Berg ging, um mit seinem Vater allein zu sein und sich im Gebet Erfrischung und neue Inspiration zu holen.

Dort auf dem Berg muss er dann gesehen oder vom Heiligen Geist gehört haben, dass die Jünger auf dem See in Schwierigkeiten geraten waren, weil sie gegen einen starken widrigen Wind ankämpfen mussten. In der vierten Nachtwache, also nach ca. neun bis zehn Stunden, kommt er ihnen zu Hilfe, indem er auf dem Wasser geht und sich ihnen nähert. Er tut so, als ob er an ihnen vorbeigehen will, was natürlich nicht seine wahre Absicht ist. Hier liegt ganz sicher ein Testfall vor, der nicht willkürlich zugemutet war, sondern eine Art Ersuchung eines Mandats war, das der Herr dringend brauchte, um mit seinen Jüngern weiterzukommen.

Hier beginnt die eigentliche Lehre, die uns den Weg zu Wundern eröffnen soll. Die Jünger sehen ihn und erschrecken maßlos, denn sie verkennen Jesus als ein Gespenst. Aber auch für diese Situation gilt, dass sie so reagiert haben, obwohl sie ihren Herrn in Tausenden von übernatürlichen Handlungen und Reaktionen erlebt hatten. Jesus brauchte offenbar ihre richtige Glaubensreaktion, nein, besser, Erkenntnisreaktion. Er wollte sehen, ob sie ihn erkennen und verstehen und ohne jegliches Erstaunen für sein Kommen und Einschreiten dankbar sind.

Dahinter war die Frage: Können sie mit einer Not, mit neuen überraschenden Umständen umgehen, nachdem sie ihn in vielen Beweisungen seiner Macht erlebt haben? Sind sie imstande, richtig zu folgern und durch ihre Beziehung zu ihm alle neuen Phänomene aufzuschließen und angemessen zu bewerten? Haben sie ihn verstanden?

Können sie Jesus in neuen Umständen erkennen und wissen sie, was die typische Hilfe und die zu berechnende Reaktion des Herrn ist, wenn sie in neue Verlegenheiten kommen? Das sind übrigens auch dieselben Fragen, die der Herr uns stellt.

Im Fall der Jünger gab es damals eine völlige Fehlanzeige:

- ◊ Es kommt zu einer gänzlichen Verkennung des Herrn. Ihre Erkenntnisfähigkeit und ihr Denkvermögen sind offenbar massiv gestört. Jesus, der zu Hilfe kam, wird in ihren Augen zur Bedrohung, er wird zum Gespenst!
- ◊ Sie schreien auf (Vers 49), haben also panisches Entsetzen über ihn.
- ◊ Es kommt zu Bestürzung (Vers 49). Eine erstaunliche Aufzählung von Panikreaktionen.

Jesus antwortet ihnen im Hinblick auf ihr Erschrecken: „Ich bin es. Seid ermutigt (kühn), fürchtet euch nicht, ich bin es, unverwechselbar. Ich habe die Probleme zugelassen, damit ihr euch in ihnen bewährt."

Die Zusammenhänge sind folgende: Wer Jesus erkennt und versteht, wer sieht oder weiß, dass er gegenwärtig ist, der kann kühn sein und wird keinen Grund zur Furcht haben und der Furcht widerstehen können.

Wer Jesus nicht richtig erkennt, wird die Situation, in der Jesus auch zugegen ist, verkennen und möglicherweise nicht in Jesus den Helfer, sondern den Verursacher des Problems, ein Gespenst, sehen, was regelmäßig zur Angst führt. Allerdings gilt auch der umgekehrte Sachverhalt: Wenn Angst da ist, hat das unter anderem immer auch etwas mit Verkennung der Gegenwart und des Schutzes Gottes zu tun.

- ◊ Dennoch, es heißt weiter: Sie entsetzen sich über die Maßen! Dieses chaotische Entsetzen ist nun fast nicht mehr verstehbar, nachdem der Herr sich erklärt hat. Es ist durch und durch überflüssig! Aber es ist bezeichnend, wie hartnäckig die Angst und das Entsetzen sein können, wenn unsere Erkenntnis über den Herrn und seine Anwesenheit gestört ist.

Es kommt also durch das Nichtverstehen der Gegenwart Jesu und seiner Absicht zu helfen zu folgenden Reaktionen bei den Jüngern:

1. Sie verkennen Jesus. Aus dem Helfer wird ein Bedroher,
2. es folgt Angst
3. und schließlich Panik.

Aber dann sagt uns das Wort selbst, gleichsam als authentische Schrifterklärung, dass die wahre und letzte Ursache dahinter Unverständigkeit ist. Sie können nicht richtig mit neuen Lebenssituationen umgehen, obwohl sie Gott schon viele Male in Gestalt von Wundern erlebt haben und aus den Worten Jesu Erkenntnis gewonnen haben müssten. Erfahrene Wunder sollten Verständigkeit und richtiges Denken bei ihnen zustande gebracht haben, so dass sie in neuen Situationen richtig folgern und ein analoges Eingreifen Gottes erwarten können.

Aber die Schriftanalyse geht weiter: Das Wort stellt fest:

Markus 6
52 Denn sie waren durch die Brote nicht verständig geworden, sondern ihr Herz war verhärtet.

Es muss also einen Zusammenhang geben zwischen nicht verständig sein, das heißt die Worte und Handlungen Gottes nicht richtig verstehen und bewerten, und der nachfolgenden Herzenshärtigkeit. Wenn wir die Wege Gottes nicht verstehen, verkennen wir die Verhältnisse und sein Eingreifen, wir entwickeln Furcht und Panik und werden deshalb unser Herz verschließen, und diese Reaktionen sind schon der Ausdruck unserer Herzensverhärtung. Das alles ist wohl ein Schutzmechanismus aufgrund der irrigen Wahrnehmung, dass man nicht geschützt ist und sich deswegen selbst sichern und hart machen muss. Wir werden anhand einer nächsten Begebenheit erkennen, dass dieser unheilvolle Prozess in uns noch weiter geht und in seiner Folgerichtigkeit die Erklärung dafür ist, dass wir uns mit Wundern so schwer tun.

Kapitel 3
Herzenshärte als Folge von Selbstschutz

Alles, was wir an den Jüngern Jesu festgestellt haben, gilt auch für uns. Wir haben gewiss nicht Hunderte oder Tausende spektakuläre Wunder erlebt, vielleicht waren es nur wenige und doch haben wir in einer Weise mehr als sie: Die Erfahrung unserer Bekehrung zu Jesus, die neue Geburt, die zu einer neuen Lebens- und Liebesbeziehung mit Jesus – und durch ihn zu unserem göttlichen Vater - führte und die ständige Unterweisung durch das ganze und abgeschlossene Wort Gottes sowie die Führung und die Gemeinschaft mit dem Heiligen Geist. Insofern können wir, genauso wie die Jünger und zum Teil noch besser, in neuen Bahnen denken, denn uns steht die vollständige Wahrheit zur Verfügung und wir können deswegen verständig und kühn sein und glauben.

Wir haben also durch die Offenbarung des Willens Gottes und die biblische Lehre über die Hintergründe seines Handelns und der Abläufe dieser Welt die Möglichkeit, die Welt und unsere Umwelt ganz anders zu erkennen und zu bewerten. Wir können insofern durch diese neue Sicht den Dingen, Herausforderungen und Bedrohungen völlig anders entgegentreten.

Das durch die Offenbarung der Schrift und die Mitteilung des Heiligen Geistes ermöglichte neue Denken ist Offenbarungserkenntnis. Diese steht im Gegensatz zur Beobachtung und Bewertung weltläufiger Geschehnisse allein durch Sinneswahrnehmung und/oder deren Verarbeitung. Uns steht damit das Instrumentarium einer völlig neuen Einschätzung der Gesamtheit der Phänomene, Fakten und Hintergründe der Welt zur Verfügung.

Aber der Kernschaden ist der, dass wir davon zu wenig oder kaum Gebrauch machen. Wir denken weitgehend in den Kategorien der Welt, gemäß den Prinzipien des Humanismus und alter, zum Teil enttäuschender Erfahrungen, die wir mit der Welt gemacht haben oder auch in eigenen Glaubensversuchen, mit denen wir kläglich gescheitert sind. Im Hinblick auf diese alten Enttäuschungen und die Allgegenwart von sichtbaren und übermächtigen Schwierigkeiten werden wir ständig von Stimmen in uns und den Botschaften der Probleme attackiert, die da lauten: „Das geht nicht, das ist unmöglich. Die Erfahrung sagt: „Man muss die Kirche im Dorf lassen“. „Es geziemt sich, ein Realist zu sein“. „Andere haben es versucht und sind gescheitert“. „Es wird dir nicht anders gehen“. „Unsere Bäume wachsen nun einmal nicht in den Himmel“. „Man muss die Gebrochenheit unserer Existenz, auch als Christ anerkennen“, usw.

Wir denken, wir reagieren, wir fühlen nicht gottzentriert, nicht wortzentriert, sondern vielmehr menschen- und erfahrungszentriert. Unser Denken schließt faktisch zu weiten Teilen Wunder und göttliches Eingreifen aus. Und wo wir diese doch stehen lassen, hat das nur eine Art Feigenblattfunktion, mit welcher wir Wunder nicht grundsätzlich in Abrede stellen, um so unser Gewissen zu beruhigen und Gottes Ansprüchen Genüge zu tun.

Aber der Sachverhalt ist eindeutig: Das Denken fast aller Christen in der westlichen Welt ist total von diesen Zweifeln und Festlegungen durchsetzt. Wie kann die Kraft Gottes unter solchen Umständen in Gestalt von Wundern regelhaft unter uns erkennbar werden? Sagt doch das Wort in Jakobus:

Jakobus 1
6 Er bitte aber im Glauben, ohne zu zweifeln; denn der Zweifler gleicht einer Meereswoge, die vom Wind bewegt und hin und her getrieben wird. 7 Denn jener Mensch denke nicht, dass er etwas von dem Herrn empfangen werde, 8 ist er doch ein wankelmütiger Mann, unbeständig in allen seinen Wegen.

Wenn also schon die Wankelmütigkeit oder Unbeständigkeit jegliche Gebetserhörung ausschließt, wie wenig ist dann das Eingreifen Gottes zu erwarten, wenn wir gar nicht mehr zwischen den Positionen schwanken, sondern uns im weltlichen Denken festgelegt haben?

Was geschieht in uns, wenn eine solche Haltung vorliegt? Wir haben festgestellt, das Herz wird hart. Härte ist die Folge eines Selbstschutzes. Ohne das Wissen darüber, dass Gott verfügbar und bereit ist, uns zu schützen, können wir uns Weichheit des Herzens nicht erlauben. Wir werden abweisend sein und dicht machen. Herzenshärte ist also die Folge einer verkehrten Denkposition!

Nach Matthäus 13 (das Gleichnis vom vierfachen Ackerfeld) entspricht das Herz dem Ackerboden und das Wort dem Samen, der ausgestreut wird. Wenn nun dieser Boden hart wird, was in der Nähe des Weges geschieht, dann kann das gesäte Wort nicht in den Boden hinein, es bleibt auf ihm liegen. Nach den von Jesus nun genannten Gesetzmäßigkeiten kommen dann die Vögel unter dem Himmel – ein Bild für die Dämonen – und haben die Erlaubnis, das Wort wegzunehmen. Das Wort kann also nicht in den Boden einsinken, weil der Herzensboden zu hart ist, stattdessen entwickeln sich Bitterkeit, Härte, Zweifel und Aggressivität.

Der Zusammenhang von Herzensverhärtung aufgrund des Nichtverstehens der Wege Gottes und Glaubenslosigkeit wird von Jesus im Gleichnis des vierfachen Ackerfeldes ganz im Sinne des bisher gewonnenen Verständnisses noch einmal verdeutlicht:

Matthäus 13
19 So oft jemand das Wort vom Reich hört und nicht versteht, kommt der Böse und reißt es weg, was in sein Herz gesät war; dieser ist es, bei dem an den Weg gesät ist.

Da steht es, schwarz auf weiß: Wenn jemand das Wort von dem Reich hört und nicht *versteht*.

Nicht Verstehen ist der Anfang der Unheilkette, an deren Ende Wunderarmut oder Wunderlosigkeit steht. Gelangt aber das Wort Gottes nicht in das Herz, dann kann kein Glaube aufgehen. Glaube ist gemäß der Erklärung Jesu aufgegangenes Wort Gottes. Als Folgezustand liegt dann die Grundbefindlichkeit der Kleingläubigkeit vor und somit erschwerte Glaubensverhältnisse. Und dann gilt weiter die geistliche Formel: Kein Glaube, keine übernatürliche Versorgung, keine Wunder. Dieser Zusammenhang wird dann von Jesus in der nächsten Begebenheit weiter erklärt.

Kapitel 4
Der Nutzen der Offenbarungserkenntnis

Wir verfolgen weiter den Zusammenhang zwischen Verstehen, Glauben und Wundern. In Markus 8, 1-9 wird uns das Wunder der Speisung der Viertausend beschrieben. Wieder ist Überfluss die Folge des Speisungswunders. Auch in diesem Fall muss Jesus das Wunder selbst vollbringen, weil es seitens der Jünger keine erkennbaren Anzeichen einer Glaubens-Kooperation gibt. In der nachfolgenden Begebenheit, Markus 8, 10 u.13-21 geht Jesus dann weiter auf dieses Thema ein:

> **Markus 8**
> 10 Und er stieg sogleich mit seinen Jüngern in das Schiff und kam in die
> Gegend von Dalmanutha. 13 Und er ließ sie stehen, stieg wieder in das
> Schiff und fuhr an das jenseitige Ufer. 14 Und sie vergaßen, Brote mitzu-
> nehmen, und außer einem Brot hatten sie nichts bei sich auf dem Schiff.
> 15 Und er gebot ihnen und sprach: Sehet zu, hütet euch vor dem Sauerteig
> der Pharisäer und dem Sauerteig des Herodes. 16 Und sie überlegten mit-
> einander: Weil wir keine Brote haben. 17 Und er erkannte es und spricht
> zu ihnen: Was überlegt ihr, weil ihr keine Brote habt? Begreift ihr noch
> nicht und versteht ihr nicht? Habt ihr euer Herz verhärtet? 18 Augen habt
> ihr und seht nicht? Und Ohren habt ihr und hört nicht? 19 Und erinnert
> ihr euch nicht, als ich die fünf Brote unter die Fünftausend brach, wie viele
> Handkörbe voll Brocken ihr aufgehoben habt? Sie sagen zu ihm: Zwölf. 20
> Als ich die sieben unter die Viertausend brach, wie viele Körbe voll
> Brocken habt ihr aufgehoben? 21 Und sie sagen: Sieben. Und er sprach zu
> ihnen: Versteht ihr noch nicht?

Die Jünger hatten offenbar vergessen, für sich selbst Brot mitzunehmen, ein unwichtiger Alltagsfehler. Jesus nimmt das zum Anlass, um sie vor dem Sauerteig der Pharisäer und Sadduzäer (siehe Matthäus 16, 11) und des Herodes zu warnen. Er bemerkt aber auch (Vers 17) ihre Sorgen bezüglich der Ernährung und tadelt sie deswegen frei heraus: „Ihr habt euer Herz verhärtet". Interessanterweise sagt Jesus gemäß der Parallelstelle in Matthäus 16, 18 „ihr Kleingläubigen".

Der Hintergrund dieser Reaktion des Herrn ist der, dass er bei ihnen offensichtliche Ängste wegen des Mangels an Brot wahrnimmt und wieder erkennen muss, dass sie trotzt allen Erfahrungen mit ihm und seiner Möglichkeit, Nahrung zu beschaffen, doch keine Lösungsmöglichkeiten sehen. Und sie dachten wirklich, getrieben durch ihre Sorgen, dass Jesus mit der Erwähnung des Sauerteigs der Pharisäer und des Herodes auf ihr Brotproblem anspielen würde. Unverständigsein führt zwangsläufig zu Missverständnissen.

Jesus geht auch tatsächlich auf ihre Bedenken ein (Vers 17) und fragt:

- *„Was überlegt ihr?“*
- *„Begreift ihr noch nicht?“*
- *„Versteht ihr nicht?“*
- *„Habt ihr euer Herz verhärtet?“*
- *„Erinnert ihr euch nicht?“*

Das sind markante Anfragen und Vorwürfe des Herrn. Sie zentrieren sich alle um die Qualität des Verstehens und Erkennens. Jesus erwartet so etwas wie eine gesunde geistliche Alltags-Intellektualität. Sie haben erlebt, dass der Herr für andere gesorgt hat, indem er viele Tausende mit Brot und Fischen ausstattete und nun sind sie nicht imstande, ein Versorgungswunder für sich selbst zu erwarten oder zu erdenken. Sie haben nicht die richtigen Konsequenzen in ihrem Verstehen und Folgern aus den göttlichen Erfahrungen gezogen. Deswegen entwickelte sich unter ihnen kein kultiviertes geistliches Verstehen, kein göttliches Begreifen, und deshalb bildeten sich Sorgen und Ängste aus (Wer gibt uns zu essen?). Daraus schließlich entstand eine weitere Herzensverfestigung und Kleinglaube.

Jesus klärt sie anschließend auf (Vers 17-20): „Ihr habt doch gesehen und gehört, was ich getan habe. Und doch, ihr habt Augen und seht nicht und habt Ohren und hört nicht. Erinnert ihr euch nicht?“ (Wieder eine Art intellektuelle Funktion.) „Wie viel blieb übrig bei der Speisung der Fünftausend?“ Die Jünger antworteten: „Zwölf Körbe“. „Wie viele blieben übrig bei der Speisung der Viertausend?“ Die Jünger antworteten: „Sieben Körbe“. Und darauf die Bemerkung des Herrn: „Versteht ihr noch nicht?“

Was uns Jesus hier verdeutlicht, ist ein hochinteressanter Aufschluss. Es geht ihm tatsächlich zunächst einmal um Verstehen, um Erfassen, um Begreifen, um Schließen und Folgern und um Erinnerung an seine Taten und Worte. Jesus erwartet von uns, dass wir einige einfache und grundsätzliche gedankliche Schritte gehen, indem wir uns dankbar dessen erinnern, was der Herr schon Gutes getan hat (siehe Psalm 103, 2).

Dann sollen wir zusammen mit Kenntnis seines Charakters folgern, was er in der jeweiligen neuen Situation tun wird, was er gesagt hat, dass er tun will oder was er schon getan hat. Wir müssen also lernen, konsequent auf die Worte und Werke Gottes zu reagieren. Das kann man lernen und das erwartet der Herr von uns. Das richtige und erlöste Denken im Sinne von Offenbarungserkenntnis ist eine Aufgabe, die offensichtlich von uns allen erwartet wird. Es gibt so etwas wie ein vom Heiligen Geist gesalbtes Denken, was nichts anderes ist als ein Umgang mit biblischer Wahrheit im Hinblick auf die Phänomene unseres Lebens und der Welt, der überhaupt die Voraussetzung zum Glauben ist.

Somit müssen wir so etwas wie eine geistliche Feldformel formulieren: Nachdem die Offenbarung des Wortes Gottes gegeben ist und Gott sich gemäß seines Charakters in Wundern kundgetan hat, wird von uns erwartet, dass wir beides in unser Denken einspeisen. Erlöstes Denken im Sinne von schriftgemäßer Offenbarungserkenntnis und Anwendung der erzielten Einsichten im praktischen Leben sind die Voraussetzungen zum Glauben. Erst kommt Erkenntnis, dann der Glaube. Ohne die exakte Gewissheit des Willens Gottes ist es grundsätzlich nicht möglich glauben zu können.

Kapitel 5
Die Gefahr des Sauerteigs

Mit all dem wird dann deutlich, dass der Einwurf Jesu bezüglich des Sauerteiges der Pharisäer, der Sadduzäer und des Herodes doch etwas mit dem Thema Wunder und Versorgung der Jünger zu tun hat. Sie brauchen ein Wunder, und wenn man so will, im Vergleich zu den großen Speisungswundern der Viertausend und Fünftausend ein bescheidenes, aber auch das geht nicht ohne saubere Lehr- und Erkenntnisgrundlage vonstatten.

Das Bild des Sauerteiges, das Jesus dann gebraucht, ist in sich aufschlussreich und bezeichnend. Sauerteig ist ein durch Pilzwachstum und den Stoffwechsel der Pilze ins Saure umgedrehter vergorener Teig. Ist er auch nur in kleinsten Mengen vorhanden, versäuert er die jeweilig umgebenen Teigmassen durch Wachstum der Pilze, die dann selbst Anlass für die Veränderung der nächsten Teigumgebung werden. Dieser Prozess setzt sich so fort, bis der ganze Teig durchsäuert ist.

Jesus will mit diesem Bild offensichtlich klarmachen, dass bestimmte Lehren und Denkweisen einen hochinfektiösen Einfluss auf ihre Umgebung, d. h. auf unsere Gedanken und benachbarte Denkkategorien haben. Der Sauerteig der Pharisäer, Sadduzäer und des Herodes entspricht deren Lehren! Bestimmte Lehren attackieren und besetzen unser Denken und berauben uns dadurch der Erfahrung des Eingreifens Gottes.

Nach dem Zeugnis der Schrift gibt es sechs Kategorien oder Formen von Lehren, die sich unmittelbar an unser Denken und unsere Denkinhalte wenden, um diese zu verdrehen. Drei werden hier erwähnt, sie sind gleichsam offizielle Lehren im Sinne von bestimmten weltanschaulichen Konzepten. Drei andere Lehren, die mehr den Charakter von Privatphilosophien haben, die allgegenwärtig in der Menschheit vorhanden sind, werden in Matthäus 13, im Gleichnis vom vierfachen Ackerfeld erwähnt. Fangen wir mit der Erörterung dieser praktischen Lebensphilosophien an:

Jesus beschreibt die unterschiedliche Herzensverfassung von Menschen anhand von vier Kategorien von Äckern, die jeweils eine bestimmte Verfassung aufweisen. In Matthäus 13, 7 u. 22 werden uns drei Störfaktoren der Erkenntnis Gottes genannt, die Jesus bei dem dritten von ihm beschriebenen Acker sieht:

Matthäus 13
7 Anderes aber fiel unter die Dornen; und die Dornen schossen auf und erstickten es.
22 Wo aber unter die Dornen gesät ist, dieser ist es, der das Wort hört, und die Sorge der Zeit und der Betrug des Reichtums ersticken das Wort und er bringt keine Frucht.

Der dritte Acker ist gekennzeichnet durch Dornen, die gleichzeitig mit dem gesäten Samen aufgehen (Vers 7). Die Deutung dafür gibt uns Vers 22 und Markus

4, 18-19. Alle drei durch Dornen gekennzeichneten Grundhaltungen sind Ausdruck von Lüge, Hochmut und Unabhängigkeit, die das Erkennen von Wahrheit und die anschließende Auslösung von Glauben unmöglich machen. Das diese drei Einstellungen und Lebensphilosophien im Gleichnis als Dornen dargestellt sind, soll verdeutlichen, dass Fluch, Verwundung und Versuchung immer mit ihnen einhergehen.

1. Die Sorgen des Lebens

Sie fußen auf der unreflektierten Grundtatsache der Selbstversorgung, hinter der die Auffassung steht, dass wir alles an Macht und Voraussetzung in uns haben, um für uns selbst aufzukommen und uns zu versorgen. Diese Haltung der Unabhängigkeit stranguliert unser Denken und unsere Einsicht derartig und ist so inadäquat gegenüber den Bedrohungen und Widerständen um uns herum, dass wir in Sorgen landen, weil wir das Ausmaß der Gefahren um uns herum verkennen und uns in Denklähmung oder Hektik verstricken. Sorgen zu haben erscheint so harmlos und normal, fast sympathisch, dass man sich fragt, was das Anstößige an ihnen sein soll. Und doch sind sie Ausdruck von Selbsterlösung, die das Denken kompliziert und die Person unter Druck und Unfreiheit bringt.

2. Der Betrug des Reichtums

Er äußert sich in der Überzeugung, dass mit vorhandenem oder erhofftem Reichtum alle entscheidenden Probleme ihre Lösung finden. Man erwartet, durch den Besitz von Geld und Gut und der Ausstattung mit Bildung, Ausbildung und dem Verweis auf Herkunft, Kultur und den guten Beziehungen alles meistern zu können, was sich an Herausforderungen vor uns auftut. Auch hier liegt ein tragischer Irrtum von grundsätzlichem Ausmaß vor, der uns so blockiert und unser Denken belastet, dass wir am Leben vorbeigehen, ohne zu merken, woran es wirklich liegt. Obendrein ist diese Denkweise schlicht eine Lüge. Indem sie uns im Griff hat, lässt sie die Wahrheit nicht an uns heran. So sind wir gezwungen, im Irrtum und verkehrten Anschauungen zu verweilen.

3. Leben nach dem Lustprinzip

Die Entscheidung schließlich, selbst zu bestimmen, wann und wo wir uns welche Art von Freude und Lust verschaffen, enthält denselben Ansatz von Unabhängigkeit und Stolz und die fehlerhafte Überzeugung, dass wir der Schmied unseres eigenen Glückes sind und uns nach Belieben alle Wonnen verschaffen können, die wir benötigen. Auch darin drückt sich eine erschreckende Engführung unseres Denkens und unserer Zielsetzung aus, die blind macht und wahre Werte nicht verstehen lässt und uns in die Irre führt.

Dies alles sind Haltungen und Einstellungen, gleichsam Schichten von Gedanken, die nicht ausdrücklich gelehrt werden, sondern die jeder ungerufen in sich hat und mit denen er aber Offenbarungserkenntnis außer Kraft setzt, weil er von vornherein in falschen Kategorien denkt und die richtigen ausschließt.

Wie sehr diese Einstellung und die aus ihr resultierenden massiven Behinderungen mit Denken, Wissen und Verstehen verbunden sind, wird in dem Kontext des Gleichnisses deutlich. Jesus streicht heraus, dass er ihnen bestimmte Wahrheiten in Gleichnisform mitteilt, damit sie durch nachfolgend gegebene Interpretation die Geheimnisse des Reiches der Himmel verstehen und wissen können (siehe Matthäus 13, 11) und dadurch noch mehr empfangen, als ihnen schon gegeben ist, während andere durch die Gleichnisform seiner Botschaft sehend und hörend nicht sehen, nicht hören, nicht verstehen und nicht wahrnehmen sollen.

Matthäus 13

10 Warum redest du in Gleichnissen zu ihnen? 11 Er aber antwortete und sprach zu ihnen: Weil euch gegeben ist, die Geheimnisse des Reiches der Himmel zu wissen, jenen aber ist es nicht gegeben; 12 denn wer da hat, dem wird gegeben werden, und er wird Überfluss haben; wer aber nicht hat, von dem wird selbst, was er hat, genommen werden. 13 Darum rede ich in Gleichnissen zu ihnen, weil sie sehend nicht sehen und hörend nicht hören, noch verstehen; 14 und es wird an ihnen die Weissagung Jesajas erfüllt, die lautet: „Mit Gehör werdet ihr hören und doch nicht verstehen, und sehend werdet ihr sehen und doch nicht wahrnehmen; 15 denn das Herz dieses Volkes ist dick (fett, stumpf) geworden, und mit den Ohren haben sie schwer gehört, und ihre Augen haben sie geschlossen, damit sie nicht etwa mit den Augen sehen und mit den Ohren hören und mit dem Herzen verstehen und sich bekehren und ich sie heile.“ 16 Glücklich aber eure Augen, dass sie sehen, und eure Ohren, dass sie hören (Hinzufügung durch den Autor).

Es ist offensichtlich, dass das richtige Verstehen ein entscheidender Vorgang in der Nachfolge Jesu ist. Wir werden aufgefordert (Vers 15), mit dem Herzen zu verstehen, um uns so zu Jesus zu bekehren und von ihm Heilung zu erfahren. In diesem Vers wird auch das kollektive Verhalten des Volkes mit einem Herzen verglichen, das fett oder stumpf geworden ist.

Demgegenüber wird uns von Jesus am Ende des Gleichnisses noch einmal anhand des Beispiels der guten Erde versichert, dass dies jene Menschen sind, die das Wort hören und verstehen und dann wirklich Frucht bringen.

Es gibt so etwas wie eine stillschweigend und selbstverständlich notwendige Voraussetzung zum Glauben und damit zur Erfahrung von Gottes Eingreifen. Diese Vorbedingung entzieht sich sehr leicht, sogar in aller Regel, unserer eigenen Wahrnehmung, und sie ist doch von größter Wichtigkeit: Wir müssen wissen, in welchem System von Wahrheit, Wahrnehmung unserer selbst und Erkennen der Wahrheiten Gottes wir uns bewegen. Die Betonung, die Jesus auf diese Zusammenhänge legt, ist offensichtlich und wird durch ständige Wiederholung so deutlich herausgestellt, dass kein Zweifel daran bestehen kann, dass wir hier größte Sorgfalt gegenüber unserer eigenen Denkweise, Denkkategorien und Ergebenheit gegenüber göttlicher Wahrheit bzw. Unwahrheit aufzubringen haben.

Ist hierin ein großer Teil der Kraftlosigkeit und Wunderarmut der westlichen

Christenheit begründet? Einzelne bemühen sich, mit größter Hingabe und Nachdrücklichkeit Menschen des Glaubens zu werden, aber sie nehmen nicht wahr, dass sie sich ständig in einem verkehrten Wahrheits- und Erkenntnissystem bewegen und dadurch alle Glaubensschritte sabotiert werden. Wir müssen lernen, mit dem Herzen zu verstehen, was uns durch Jesus gegeben ist und wer wir in ihm sind.

Im Unterschied dazu stehen dann die drei Lehrangebote, vor denen Jesus die Jünger im Kontext seines Gespräches über die wunderhafte Versorgung mit Brot warnt.

A. Die Lehre des Herodes
Sie beschreibt die Philosophie des religiös orientierten Machtmenschen, der durch Machtstreben und Herrschsucht Menschen kontrollieren will. Aber nicht nur der, der das aktiv betreibt, sondern auch wer sich dem nur ausliefert, akzeptiert dieses Denken und übernimmt es still, heimlich. Das äußert sich in kritischem, distanziertem, aggressivem Verhalten voller Bitterkeit und Manipulation mit dem Bestreben, über Menschen zu verfügen. Obendrein scheint es gesetzmäßig verbunden zu sein mit dem, was Jesus und Johannes der Täufer Herodes vorgeworfen haben, einem lasziven Lebensstil ohne Anerkennung von Gesetz, Regel und Gerechtigkeit, allerdings interessanterweise verbunden mit Angst vor Menschen und Nachgiebigkeit auf Kosten der Wahrheit. Dazu gesellt sich die Denkart der Kumpanei mit Schurken (siehe Lukas 23, 12 und Matthäus 14, 4-9).

B. Der Sauerteig der Sadduzäer
Ihre Lehre bezeichnet die Philosophie der Aufgeklärten, der liberalen Theologie, des humanistischen Denkens und des auf seinen Rationalismus stolzen Menschen, der sich selbst für das Maß aller Dinge hält. Diese Liberalität lässt keine Wunder, keine Auferstehung, keine Jenseitigkeit zu und ist heute stärker verbreitet als je zuvor. Selbst dort, wo bestimmte religiöse Grundüberzeugungen noch zugelassen oder anerkannt werden, ist die Abwesenheit des Übernatürlichen in Gestalt eines wunderhaften Eingreifens Gottes eine feststehende Tatsache. Diese Anschauung in Gestalt der liberalen Theologie ist eine große Gefahr für die Gemeinde Gottes und schließt zuverlässig jedes Denken in den Kategorien von Wundern und erst recht ihr Auftreten aus.

C. Pharisäismus
Kommen wir nun zum Pharisäismus. Hat sich der Herr gegenüber den anderen beiden Formen von Sauerteig relativ knapp, jedoch mit deutlicher Warnung geäußert, so entfaltet Jesus im Hinblick auf die Pharisäer in erstaunlicher Breite die Gefahr, die von ihnen für die Gemeinde und für jegliches geordnetes Denken ausgeht. Es sieht so aus, als ob alle Elemente, die für die Sadduzäer und für die Geisteshaltung des Herodes gelten, auch im Pharisäismus enthalten sind, aber darüber noch weitaus mehr. Es ist erschütternd zu sehen, wie viel Raum die Warnung vor dem Pharisäismus in den Reden Jesu und in der Wiedergabe der

Evangelien einnimmt. Ich kann dem Leser diese geraffte Darstellung der Brandmarkung der pharisäischen Geisteshaltung, wie sie der Herr uns gegeben hat, nicht ersparen. Hier die Aufzählung der charakteristischen Eigenschaften der Pharisäer:

In Matthäus 15, 1-5 u. 9, sowie Vers 10-11 u. 16-20 werden sie als blinde Blindenführer dargestellt, aus deren Herzen arge Gedanken, Mord, Ehebruch, Unzucht, Dieberei sowie falsches Zeugnis und Lästerung kommen.

Das gesamte Kapitel 23 des Matthäusevangeliums ist eine einzige Anklage der pharisäischen Geisteshaltung und eine Abrechnung mit ihr. Jesus sagt im Einzelnen:

- Sie haben den Stuhl Moses eingenommen und die Lehre an sich gerissen, also die Lehrhoheit an sich gezogen (Vers 2).
- Aber sie handeln nicht nach ihren Worten (Vers 3).
- Sie sind voll Heuchelei und Ungehorsam (Vers 3).
- Sie verschließen das Himmelreich, indem sie große Lasten in Gestalt von Moralvorschriften auf die Menschen legen, die sie selbst nicht anrühren (Vers 4).
- Sie gehen selbst nicht in das Reich Gottes und versperren anderen den Zugang zu ihm (Vers 13). (Eine gleichsinnige Aussage finden wir in Lukas 11, 52).
- Sie wollen im Mittelpunkt stehen und mit ihrer Frömmigkeit und ihren Werken gesehen werden. Sie wollen Eindruck schinden und machen sich also der Sünde der Selbstdarstellung und Scheinfrömmigkeit schuldig (Matthäus 13, 5-7).

An sechs Stellen in Matthäus 23 werden sie von Jesus Heuchler genannt, also unecht, falsch und schuldig des moralischen und geistlichen Betruges. Ihnen gilt daraufhin ein vielfaches „Wehe“ des Herrn.

Heuchelei ist wohl die Mitte des Vorwurfs Jesu gegenüber den Pharisäern. Sie ist potenzierte Lüge, indem sie diese nicht nur bewirkt, sondern nach außen hin das Gegenteil von Lüge glauben machen will. Jesus wirft den Pharisäern vor, dass sie durch und durch faul, lügenhaft, morsch und zerstörerisch in ihrem Denken und Auftreten sind.

- Sie rekrutieren mit aller Macht Nachfolger, um diese dann zu verdrehen und doppelt so schlimm werden zu lassen wie sie selbst sind, und um sich auf ihre Kosten auszuleben und diese zu ruinieren (Vers 15).
- Sie sind blinde Führer, die die Gebote verändern (Vers 16).

- Sie sind Narren und Blinde (Vers 16).
- Sie sind gesetzliche Formalisten ohne Recht, Barmherzigkeit und Glauben (Vers 23).
- Sie sind blinde Führer voller Parteilichkeit (Vers 24).
- Sie sind Heuchler, die auf äußere Reinlichkeit achten, aber inwendig voller Raub und Ausschweifung sind (Vers 24).
- Sie sind Heuchler, übertünchte Gräber, äußerlich schön aber innen voller Totengebeine und jeder Form von Unreinigkeit (Vers 27).
- Sie sind selbstgerecht, präsentieren nach außen Anständigkeit, sind aber innen voller Heuchelei und Gesetzlosigkeit (Vers 28).
- Sie ehren die Gräber der Propheten und geben vor, anders als deren unverständige Zeitgenossen zu sein. In Wirklichkeit aber sind sie ihnen in ihrem geistlichen Stolz und in ihrer Selbstgefälligkeit gleich und machen damit das Maß der Väter voll (Vers 29).
- Sie sind Schlangen und Otternbrut, die dem Gericht der Hölle nicht entkommen werden (Vers 33).
- Sie werden auch weiterhin von Gott gesandte Propheten und Weise töten, kreuzigen, geißeln und verfolgen, das ist ihre Art (Vers 34).
- Auf sie wird alles Blut der Gerechten von Abel an kommen und das wird sich schon in der Generation ereignen, in der sie leben (Vers 35 u. 36).

An anderer Stelle sagt Jesus folgendes über die Pharisäer:

- Sie murren in ihrer Selbstgerechtigkeit gegen die Gemeinschaft Jesu mit den Sündern (Lukas 5, 30).
- Sie sind voller List und Hinterhältigkeit und getrieben von dem Verlangen, Menschen durch Argumentationsfallen in die Enge zu treiben und zunichte zu machen (Lukas 6, 7).
- Sie haben den Ratschluss Gottes verworfen, als sie unter der Wirksamkeit Johannes des Täufers nicht Buße getan haben und sich nicht taufen ließen (Lukas 3, 7).
- Sie sind der Manipulation ergeben und wollen Macht über Menschen ausüben (Lukas 7, 31-32).
- Sie sind auswendig rein, innen voller Raub und Bosheit (Lukas 11, 39).
- Sie sind geldliebend und voller Hochmut und Hohn (Lukas 16, 14).

- Selbstgerecht und voller Verachtung und Herablassung gegenüber anderen, die in ihren Augen niedriger sind (Lukas 18, 9).
- Das Volk erscheint ihnen verflucht (Johannes 7, 49).

Belege für Scheinfrömmigkeit und Selbstgefälligkeit:

- „Ich danke Gott, dass ich nicht so bin wie die anderen ... und nicht so bin wie dieser Zöllner“ (Lukas 8, 11).
- Selbstgerechte Moralisten, die durch ihr Verhalten eingestehen, dass sie sich doch schuldig fühlen, indem sie nicht den ersten Stein gegen die ertappte Sünderin werfen wollen (Johannes 1, 24 und Johannes 8, 5).
- Sie halten sich für sehend und sind deswegen voll für ihre Sünde verantwortlich (Johannes 9, 41).
- Sie verhalten sich als Sabbatfetischisten, denen das formale Sabbatgebot wichtiger ist als die Aufgabe zu lieben und zu heilen (Johannes 9, 16).
- Beschreibung von unverhohlener Mordabsicht gegenüber Jesus (Johannes 11, 53).
- Dabei geben sie ihre sonstigen Prinzipien der Feindschaft gegen die Römer auf und biedern sich bei der Besatzungsmacht an, um Jesu habhaft zu werden (Johannes 19, 15 u. 16).
- Sie haben eine konspirative Gesinnung (Johannes 11, 53 u. 57).
- Sie schüchtern die Menschen mit Bannandrohung, Isolierung und Ausstoß aus der Gesellschaft ein (Johannes 12, 42).

In den Augen Jesu erweist sich das Böse im Pharisäismus darin, dass es sich, wenn es einmal vorhanden ist, bei jedem Menschen in allen diesen gräulichen Denkweisen und Haltungen ausdrücken will. Der Grundcharakter des Pharisäers besteht aus Selbstgerechtigkeit, Scheinfrömmigkeit, Machtsucht, Beherrschtsein von Lüge und Stolz, Manipulation und Heuchelei. Wenn eine Eigenschaft davon vorhanden ist, will sie alle anderen erzeugen. Dahinter steht eine Denkweise, die das Böse will, aber das Gute vortäuscht.

Es erscheint unvorstellbar, wie eine ganze Klasse von Menschen durch solche argen Gedanken bewegt sein kann. Die Erklärung dieses Phänomens liegt offensichtlich in der Sauerteignatur eines derartigen Denkens. Es ergreift alles und alle und verwandelt es ins Böse.

Es gibt im Neuen Testament keine Aussagen von so massiver und verurteilender Kraft wie diese Worte Jesu über die Pharisäer. Sie stellen in seiner Sicht offenbar den schärfsten Gegensatz gegen die Gesinnung des Reiches Gottes dar. So unfasslich scharf und vernichtend diese Worte sind, sie finden in den paulinischen Briefen Entsprechungen von ähnlicher Schärfe.

Galater 1
7 Einige verwirren euch nur und wollen das Evangelium des Christus um-
kehren. 8 Wenn aber auch wir oder ein Engel aus dem Himmel euch etwas
als Evangelium entgegen dem verkündigen, was wir euch als Evangelium
verkündigt haben, er sei verflucht! 9 Wie wir zuvor gesagt haben, so sage
ich auch jetzt wieder: Wenn jemand euch etwas als Evangelium verkündigt
entgegen dem, was ihr empfangen habt: er sei verflucht!

Es gibt kein anderes Evangelium als das von Paulus gepredigte und wer das doch anders verkündigt, der zieht einen Fluch auf sich. Das gälte sogar für Paulus selbst.

Galater 1
10 Denn rede ich jetzt Menschen zuliebe oder Gott? Oder suche ich Men-
schen zu gefallen? Wenn ich noch Menschen gefiele, so wäre ich Christi
Knecht nicht. 11 Ich teile euch aber mit, Brüder, dass das von mir verkün-
digte Evangelium nicht von menschlicher Art ist.

Eine Lehre anderer Art als es das Evangelium darstellt, will nur den Menschen gefallen und sie letztlich missbrauchen und verführen.

Philipper 3
2 Seht auf die Hunde, seht auf die bösen Arbeiter, seht auf die Zerschnei-
dung. 3 Denn wir sind die Beschneidung, die wir im Geist Gottes dienen
und uns in Christus Jesus rühmen und nicht auf Fleisch vertrauen.

Ein starkes Wort. Diejenigen, die ein anderes Evangelium (ein anderes Lehrangebot) ohne Gnade und mit Werkgerechtigkeit anbieten, sind böse Arbeiter und Hunde, sie sind Verfechter der Zerschneidung. Vor ihnen muss man sich vorsehen.

Wir dürfen nicht denken, dass Jesus soviel Mühe auf die Warnung vor einer Gruppe von Menschen verwendet, die als eine kleine Bevölkerungsschicht vor zweitausend Jahren gelebt hat. Der Hintergrund seiner Lehre über die Pharisäer ist der, dass wir alle in Gefahr sind, uns pharisäisches Gedankengut und ihre Denkweise aufnötigen zu lassen und anzueignen, was zu den schlimmsten Auswirkungen von Verlust und Untergang führt. Deswegen das Bild des Sauerteigs. Wir sollten den geringsten Anfängen wehren. Wenn wir merken, dass wir diese Lehre in den kleinsten Portionen zugelassen haben, dann sollten wir darüber Buße tun, damit sich dieses Denken nicht in uns vermehrt und alles durchdringt und versäuert und uns völlig beraubt.

Jesus will uns eine Art Ursachen-Wirkungskette vorlegen, die wie folgt aussieht: Wenn wir uns nicht an seine Worte erinnern und nicht die bereits gemachten Erfahrungen mit ihm bewerten und bedenken, werden wir verkehrt folgern. Unser Denken wird sich weiter von dem Wort und der Wahrheit des Herrn entfernen, wir werden neue Situationen nicht verstehen oder total verkennen und werden uns in unserer Unverständigkeit nicht geschützt fühlen. Das heißt wir werden selbst dicht machen, unser Herz fest und hart werden lassen, um uns selbst zu schützen, wodurch dann das Wort Gottes nicht Eingang in unser Herz nehmen kann und deswegen auf dem Weg von Kleingläubigkeit und Unglauben die Voraussetzungen zu Gottes Handeln und seinen Wundern gänzlich entfallen.

Hier geht es also überwiegend um einen Erkenntnis-, Wahrnehmungs- und Verarbeitungsprozess, der uns für das Wort Gottes empfänglich macht und damit für Glauben (im Herzen aufgegangenes Wort Gottes).

Es gibt auch eine Kehrseite dieser Entwicklung. Indem wir nicht in den Kategorien Gottes denken, reagieren und folgern, und uns insofern nicht versorgt und beschützt sehen, müssen wir uns selbst helfen, was immer mit Härte, Bitterkeit und Zweifel sowie Aggressivität einhergeht. Das führt dann zusätzlich dazu, dass wir nachfolgend unfähig sind zu hören und gegenüber dem Worte Gottes abstumpfen, was den ganzen negativen Verlauf nur beschleunigt und potenziert. Das ausbleibende göttliche Eingreifen tut ein Übriges im Hinblick auf diese Negativwirkung: Keine Wunder, keine Versorgung, deswegen eigene Mühe, zwangsläufig immer mehr Sorge, Anstrengung und Erschöpfung.

So sollten wir uns die bohrende Frage des Herrn gefallen lassen und dahinter sein Verlangen erkennen, uns auf den richtigen Weg zu bringen, den Weg der Erkenntnis: Versteht ihr immer noch nicht?

Kapitel 6
Es ist Zeit zum Umdenken!

Der Zusammenhang zwischen Erkenntnis der Wahrheit des Evangeliums, Verständigwerden, Vorbereitung des Herzens für die Aufnahme des Wortes Gottes, Glauben und Wunder ist dem Worte Gottes offensichtlich so wichtig, dass es diese Verhältnisse an einer anderen Stelle noch genauer untersucht und weitere Perspektiven eröffnet.

Hebräer 3
7 Deshalb, wie der Heilige Geist spricht: „Heute, wenn ihr seine Stimme
hört, 8 verhärtet eure Herzen nicht, wie in der Erbitterung an dem Tage
der Versuchung in der Wüste, 9 wo eure Väter mich versuchten, indem sie
mich auf die Probe stellten, und sie sahen meine Werke 10 vierzig Jahre.
Deshalb zürnte ich diesem Geschlecht und sprach: Allezeit gehen sie irre
mit dem Herzen. Sie aber haben meine Wege nicht erkannt. 11 So schwur
ich in meinem Zorn: Sie sollen nimmermehr in meine Ruhe eingehen! 12
Sehet zu, Brüder, dass nicht etwa in jemanden von euch ein böses Herz des
Unglaubens sei im Abfall vom lebendigen Gott, 13 sondern ermuntert
einander jeden Tag, solange es „heute“ heißt, damit niemand von euch
verhärtet werde durch Betrug der Sünde. 14 Denn wir sind Genossen des
Christus geworden, wenn wir die anfängliche Zuversicht bis zum Ende
standhaft festhalten. 15 Wenn gesagt wird: „Heute, wenn ihr seine Stimme
hört, verhärtet eure Herzen nicht wie in der Erbitterung, 16 welche haben
denn gehört und sich aufgelehnt? Waren es denn nicht alle, die durch
Mose von Ägypten ausgezogen waren? 17 Welchen aber zürnte er vierzig
Jahre? Nicht denen, welche gesündigt hatten, deren Leiber in der Wüste
fielen? 18 Welchen aber schwur er, dass sie nicht in seine Ruhe eingehen
sollten, wenn nicht denen, die ungehorsam gewesen waren? 19 Und wir
sehen, dass sie wegen des Unglaubens nicht hineingehen konnten.

In dieser Darlegung wird im Grunde genommen das wiederholt, was Jesus in den Evangelien in der Analyse des menschlichen Denkens und Glaubens bereits zu Tage gefördert hat. Hier kommen aber noch einige Gesichtspunkte hinzu. Zuerst stellt der Heilige Geist diese Zusammenhänge in das aktuelle Jetzt und Heute und will uns damit sagen, dass wir jederzeit in Gefahr sind, in die Trägheit des Denkens und die Verweigerung gegenüber der Wahrheit hineinzufallen, aber dass es auch ein Heraustreten aus dieser Passivität und Unverständigkeit gibt.

Zweitens wird uns verdeutlicht, dass die Denkweise der Unwahrhaftigkeit, Ignoranz und Gleichgültigkeit wirklich etwas Sauerteigartiges an sich hat, indem damals ein ganzes Volk davon befallen wurde. (*„Allezeit gehen sie irre mit dem Herzen. Sie aber haben meine Wege nicht erkannt.“*) Die Gefahr des kollektiven Abdriftens in Unverständnis und Einsichtslosigkeit mit der nachfolgenden, dann sich zwanghaft ergebenden Unfähigkeit zum Glauben und Gehorsam ist gewaltig groß und sollte uns zu denken geben. Deswegen soll jeder erneut das Heute des Umkehrens und Umdenkens vernehmen! (Interessanterweise enthält der Begriff Buße oder Umkehr in seiner griechischen Version den Hauptinhalt des Umdenkens.)

Es konnte das ganze Volk Gottes zu alttestamentlichen Zeiten die Orientierung verlieren und das kann auch uns heute passieren, weil sie und wir nicht verstehen, wie man mit göttlicher Wahrheit umgeht und wie viel Liebe und Zeit man ihr zur Verfügung stellen muss, damit sie die Maxime unseres Denkens und Lebens wird. Deswegen sollen wir uns gegenseitig ermutigen, damit nicht durch den Betrug der Sünde unser Herz verhärtet wird.

Worin besteht der Betrug der Sünde? Offensichtlich durch die verlockende Überzeugung, wir hätten in uns selbst so viel Kompetenz und Durchblick, dass wir selbst das Glück schmieden und das Entscheidende selbst bewerkstelligen können. Wenn das dann doch nicht zum Erfolg führt, geht der Betrug der Sünde insofern weiter, dass wir meinen, uns aus der Kalamität mit eigenen Kräften im Sinne der Selbsterlösung retten zu können, ohne dass wir das natürlich so nennen. Beides Mal täuscht der Betrug eine mögliche Lust vor, die darin besteht, das Entscheidende selbst zu tun und dabei die Ehre dafür selbst zu beanspruchen.

Dann wird der uns bekannte Gedankengang hier noch um einen weiteren Gesichtspunkt erweitert. Das Herz, das wir verhärten und das durch den Betrug der Sünde verhärtet wird, wird nicht nur unfähig zur Wortaufnahme und zum Glauben, sondern es wird durch den Unglauben als böse und zum Abfall vom lebendigen Gott neigend dargestellt. Und das widerfuhr einem ganzen Volk, das wohl informiert und gut geführt war! Das ist die Warnung, die der Hebräerbrief dem Volke Gottes heute vorlegen will.

Und ist nicht gerade das die Beschreibung der Situation der Gemeinde Jesu heute und nicht auch gleichzeitig die Hintergrunderklärung dafür? Es ist augenscheinlich, dass wir in der gesamten westlichen Welt, von wenigen Ausnahmen abgesehen, einen derartigen Mangel an Manifestationen des Übernatürlichen haben, dass das eine Erklärung fordert. Und hier ist sie, wie mir scheint. Unser Denken ist infiziert. Wir sind in einem derartigen Maß unterschwellig von den Denkkategorien dieser Welt besetzt, dass wir in den Augen Jesu unverständig sind, insofern hartherzig reagieren und deswegen unfähig zum Glauben sind. Wir müssen dieses System an grundsätzlicher Unterwanderung im Denken und Erkennen verstehen, um es dann umkehren zu können. Das wird nicht ohne drastische Maßnahmen von Buße (griechisch *metanoia* = Umdenken) und eine neue Reformationsgesinnung gehen.

Und dann noch ein Abschlussgedanke (Vers 18 u. 19): Mit der Entwicklung von Unverständigsein gegenüber den Worten und Werken Gottes geht Unglaube einher, und aus diesem folgt Ungehorsam. Und dieser läuft immer mit Ruhelosigkeit einher.

Diese Unheilskette in ihrer ganzen Länge ist beachtlich. Allerdings noch stärker ist die Segenskette. Bei ihr ist obendrein die innewohnende Konditionierung oder

Potenzierung des Segens zu beachten: Aus richtigem Verstehen folgert nicht nur leichter das Reagieren im Glauben. Glaubenshandlungen und Glaubensgehorsam führen über die entsprechenden Resultate erneut zum richtigen Denken, Folgern und Verständigwerden, was es mit einer gewissen Schlüssigkeit wieder leichter macht, mehr im Glauben zu wagen. Dieser Zusammenhang ist auch der Grund dafür, dass dann, wenn Wunder erst einmal durch pionierhafte Schritte einzelner zustande gekommen sind, bei den Zeugen des Geschehens so viel schneller richtige Erkenntnis und Glaubenshandlungen freigesetzt wurden.

Kapitel 7
Ergreifen und Festhalten biblischer Wahrheit

Nun kommt es darauf an, dass wir diese grundsätzlichen Erkenntnisse in einen Lebensstil des Erkennens der Wahrheit und des Wandelns in der Wahrheit umsetzen. Was erwartet denn der Herr von uns, das wir im alltäglichen Leben verstehen sollen? Der Herr erwartet, dass wir uns mit seinem Wort, das der Träger der Wahrheit ist, füllen, so dass wir aus der Wahrheit sind und alle Geschehnisse und Widerfahrnisse unseres Lebens selbstverständlich, entweder automatisch oder mit Bedacht, auf ihren Wahrheitsgehalt, das heißt die Übereinstimmung mit dem Worte Gottes oder ihren Widerspruch zu ihm untersuchen. Das ist möglich. Dass das der Herr wirklich von seinen Jüngern erwartet, haben wir gesehen.

Die biblische Wahrheit ist die Summe von all dem, was das Wort Gottes über Gott sagt. Es beschreibt:

- Wer er selbst ist, wie sein Wesen und sein Charakter ist, und dass er ein liebender, freundlicher, vergebender und durch und durch gütiger Gott ist.
- Was er gesagt und was er gelehrt hat, also was für uns die gültige Norm ist.
- Was er getan hat und was jetzt als Angebot und Versprechen zur Verfügung steht, und was an himmlischen Plätzen real vorhanden und abrufbereit vorliegt.
- Dass wir bei all dem wissen, dass er immer in Übereinstimmung mit seinem Charakter, mit seinem Wort handelt und deswegen in unseren Alltagssituationen verstehbar und berechenbar ist und obendrein ständig zu uns redet und uns führt.
- Dass der Teufel und sein Reich gänzlich besiegt sind und dass die Welt überwunden ist.
- Dass er uns Macht über alle Gewalt des Feindes gegeben hat und damit auch über die Welt (aber nicht über Menschen),
- und dass er uns im Einzelnen aufgeklärt hat, was auf uns zukommt und dass er selbst kommt, damit auch wir das verstehen und wissen, wie wir uns darauf einrichten können.

Das alles hat also mit Wissen zu tun, das über Studium der Schrift und der Verheißungen erworben werden kann und das wir auch dringend brauchen, damit wir nicht Opfer einer selbst verschuldeten Ignoranz werden. Wir müssen zum Beispiel wissen, dass der Teufel total besiegt ist, dass ihm aber eine Restfähigkeit noch gelassen ist, nämlich die Fähigkeit zu lügen. Er kann nur das! Es ist ihm zum Beispiel nicht möglich, aktiv Unrecht über uns zu planen und herbeizuführen! Unheil kann uns nur auf dem Weg der Annahme seiner Lügen widerfahren. Dann bewirkt die angenommene Lüge das Unheil, nicht er selbst!

Zu der Lüge des Teufels gehört auch, dass er seinerseits alles aufbietet, um uns von der Wahrheit und dem Verstehen dessen fern zu halten, was uns gehört. Wir müssen leider beklagen, dass ihm das zu einem großen Maße gelungen ist. Deswegen sagt uns das Wort:

> **1. Korinther 2**
> 12 Wir haben nicht empfangen den Geist der Welt (den Lügengeist), sondern den Geist aus Gott, dass wir wissen können, was uns von Gott gegeben ist (Hinzufügung durch den Autor).

Uns sind also nicht nur Geschenke zuteil geworden, sondern auch die Hilfe des Heiligen Geistes, damit wir erkennen, dass es diese Geschenke real gibt. Daraus entnehmen wir die wichtige Nebeninformation, dass der Zugang zu dieser Erkenntnis ohne den Heiligen Geist kaum möglich ist. Also auch hier imponiert wieder der Wissens- und Wahrheitsaspekt. Wissen wir nicht, was uns gegeben ist, können wir es nicht beanspruchen (glauben). Aber dazu gehört auch der schöne und gesetzmäßige Sachverhalt: Je deutlicher und klarer unsere Erkenntnis ist, umso leichter wird es uns fallen zu glauben, was bis zu dem Grenzfall gehen kann, dass wir aus der Erkenntnisgewissheit direkt in eine Glaubenserfahrung hineinrutschen.

So ist es also eine unaufgebbare Herausforderung und Grundnotwendigkeit eines jeden Nachfolgers Jesu, dass er in allen Lebenssituationen entweder von vornherein weiß, was Gott dazu sagt, und wie die jeweilige vorliegende Problematik biblisch zu bewerten ist, oder zumindest Kenntnis der Vorgehensweise hat, wie er durch Studium der Schrift eine gültige Antwort zu dem jeweiligen Sachverhalt gewinnen kann. Vage und unzulängliche Einsichten oder gar Überzeugungen, die im Gegensatz zum Worte Gottes stehen, machen es gänzlich unmöglich, die Situation zu verändern, weil das nur mit Glauben geht.

Insofern ist es nicht nur keine Überforderung, sondern absolute Notwendigkeit in folgenden Lebensfragen durch stringente Erkenntnispositionen Klarheit zu bekommen, um richtig reagieren zu können:

Was sagt das Wort Gottes über Krankheit, Unfall, Mangel jedweder Art, Kinderlosigkeit, Armut, Friedlosigkeit, Angst und seelische Störungen, soziale Probleme, familiäre Verhältnisse und Nöte, Kinder, die sich fehlentwickeln, Fragen des Alters und der Lebenslänge und überhaupt, wie haben wir als Nachfolger Jesu in Anbetracht biblischer Offenbarung über die Menge der Negativerfahrung zu denken wie Verfolgung, Verspottung, Verletzung, Gemiedenwerden, erfahrene Feindsinnigkeit, akute, von draußen kommende Gefahren und Bedrohungen, eigenes Versagen, Arbeitslosigkeit, Partnermangel, Einsamkeit usw.

Das ist das Material, aus dem unser Leben besteht und das sich, wenn ihm nicht mit klarer Erkenntnis entgegengetreten wird, einfach in uns und um uns breit macht und uns von einer Niederlage in die nächste und von Enttäuschung zu

Enttäuschung führt. Und hier liegt ein katastrophaler Mangel an Einsicht und Verständnis im Volke Gottes vor. Dabei ist es so leicht, gediegene und biblisch fundierte Einsicht für diese Lebenssituationen zu bekommen, weil die Schrift voll ist von Beispielen, Anweisungen und klaren Beschreibungen der Hilfen Gottes. Sie müssen nur durch die Assistenz des Heiligen Geistes erkannt und auf die jeweilige Situation angepasst und aktiviert werden.

Ich weiß, dass es unter uns so manche schöngeistige Strebung und pseudogeistliche Argumentation gibt, die uns glauben machen will, dass exakte Kenntnis des Willens Gottes hinsichtlich unserer Lebensumstände nicht möglich sei oder einen untauglichen Versuch abgebe, sich durch mechanistische Wahrheitsverarbeitung Gott und sein Wort verfügbar zu machen und so in unsere Dienste einzuspannen. Solche Bedenkenträger – oder sind es nicht doch wieder Pharisäer und Sadduzäer im neuen Gewand? – gibt es genug. Aber wir sollten nicht auf sie hören. Sie sind die modernen blinden Blindenführer.

Das Wort Gottes spricht so eindeutig von der Wichtigkeit des exakt erfassten Willens Gottes und damit erkannter biblischer Wahrheit:

> **1. Johannes 5**
> 13 Dies habe ich euch geschrieben, damit ihr wisst, dass ihr ewiges Leben habt, die ihr an den Namen des Sohnes Gottes glaubt. 14 Und dies ist die Zuversicht (Kühnheit), die wir zu ihm haben, dass er uns hört, wenn wir etwas nach seinem Willen bitten. 15 Und wenn wir wissen, dass er uns hört, was wir auch bitten, so wissen wir, dass wir das Erbetene haben, das wir von ihm erbeten haben (Hinzufügung durch den Autor).

Das ist eine von fünf Schriftstellen, die uns verheißt, dass unsere Gebete unter bestimmten Voraussetzungen erhört werden, was immer wir auch von Gott erbitten. Die hier genannte Voraussetzung ist, dass wir gemäß dem Willen Gottes beten und auch genau wissen, dass wir uns im Willen Gottes mit unserer Bitte befinden. Beachte die dreimalige Erwähnung von Wissen und den Umstand, dass Glauben in diesem Zusammenhang gar nicht erwähnt wird (was allerdings nicht heißt, dass Glauben nicht vonnöten ist).

So wichtig die Wissens-, Verstehens- und Erkenntnisebene (Wahrheitsebene) ist, so wichtig ist aber auch die Hilfe des Heiligen Geistes, um auf sie zu gelangen und sich auf dieser Ebene zu bewegen. Ohne ihn wird es uns kaum möglich werden, unser Denken, Verstehen und vor allem auch unsere Fantasie mit göttlicher Wahrheit zu füllen und zu durchtränken und alle Unwahrheit und die Prinzipien dieser Welt aus uns herauszuspülen. Wollten wir das alleine bewerkstelligen, würden wir unweigerlich in einer neuen Zwanghaftigkeit landen. Darüber wird noch später zu berichten sein.

Die hohe Einschätzung von praktizierter Wahrheit wird im 3. Johannes 4 ausgedrückt:

3. Johannes

4 Eine größere Freude habe ich nicht als die, dass ich höre, dass meine Kinder in der Wahrheit wandeln.

Im Kontext wird uns gesagt, dass wir die Wahrheit haben sollen (Vers 3), in der Wahrheit wandeln sollen (Vers 4) und aus der Wahrheit heraus lieben können (Vers 1 u. 6). Und exakt in diesen Zusammenhang ist das bekannte Wort eingefügt:

3. Johannes

2 Geliebter, ich wünsche, dass es dir in allem wohlgeht und du gesund bist, wie es deiner Seele wohlgeht.

Diese Worte sagen es aus, und die Erfahrung bestätigt es, dass festgehaltene biblische Wahrheit sich in unserer Liebesfähigkeit ausdrückt, im Wohlergehen unserer Seele, in Gesundheit und allgemeinem Wohlbefinden. Darüber hinaus äußert sich ganzflächig etablierte Wahrheit in ihrer Auswirkung auf unsere Stimmung. Wir werden Menschen der Hoffnung, zuversichtlich und abenteuerlustig. Situationsunabhängige Hoffnung ist ein herausragendes und extrem wohltuendes Merkmal von festgehaltener biblischer Wahrheit.

Kapitel 8
Demut kommt hinein

Wahrheit, wie sie uns die Schrift präsentiert, hat zunächst zwei Seiten: Erstens die Wahrheit über Gott, sein Wesen, sein Handeln, seine Taten durch Jesus und zweitens die Wahrheit über uns, unsere natürlichen Begrenzungen und unsere Unfähigkeit zum Guten, unser Verfallensein an das Böse, die Sünde und Rebellion.

Aber da gibt es noch einen dritten Aspekt der Wahrheit, der beschreibt, was wir durch Bekehrung, Wiedergeburt und Heiligung durch den Heiligen Geist sowie der Gemeinschaft mit ihm in Christus sind, nämlich die Erlösten und Geliebten, die in Jesus Angenommenen und Angenehmen, die Kinder des Vaters mit ewigen Leben und ausgestattet mit seiner eigenen Gerechtigkeit.

Die Haltung, mit der wir die Summe dieser drei Aspekte von Wahrheit erkennen und ausleben ist weitgehend identisch mit dem Begriff der Demut. Demut ist indessen *die* Voraussetzung für Gnade, weswegen wir durch sie alles erleben können, was uns zusteht. Durch sie werden uns auch jene Segnungen zuteil, die die Bibel Erbschaft nennt.

Wenn wir uns nicht dieser Demut befleißigen, die ein anderes Wort für Wahrhaftigkeit ist, wird unser Denken unweigerlich verdreht werden und grundsätzlich deformiert sein, weil wir in allen Strebungen und Taten von unseren eigenen Kräften und Fähigkeiten ausgehen und damit die Geschenke Gottes ausschlagen. Wir verlieren sie dadurch nicht nur, sondern lassen unsere Gedanken damit grundsätzlich in eine verkehrte und unfruchtbare Wirkung laufen, die uns ständig betrügt und beraubt. Wir bekommen nichts, weil Gott nur Geschenke und niemals Verdienste austeilt. Die gedankliche Fehlorientierung an dieser Stelle ist immens. Das Volk Gottes hat wenig Verständnis von der Voraussetzung zur Gnade, nämlich Erkennen seiner Wahrheit und Leben in der Demut.

Somit ist die Wahrheit in doppeltem Sinne für uns lebenswichtig:

1. Weil die Erkenntnis der Wahrheit Gottes die Grundlage und Vorbedingung für Glauben ist und
2. weil die Erkenntnis der Wahrheit über uns und Gott die Voraussetzung für oder schon die Demut selbst ist, ohne die es keine Gnade und damit keine göttlichen Geschenke, kein Eingreifen Gottes und keine Wunder gibt.

Dabei gilt, dass wir niemals zur Erkenntnis unserer Selbst, also unserer Schwächen, Fehler, Sünde, Makel und Abgründe unseres Charakters kommen, wenn wir nicht gleichzeitig die Bestätigung unseres gütigen Herrn erkennen und erleben, der uns als seine geliebte Kinder tröstet, aufbaut und bestätigt. Nur unter dieser Voraussetzung halten wir die Einsicht über uns aus, denn sie wird uns über die Fülle göttlicher Erkenntnis zur Herrlichkeit bei ihm hintreiben. Nicht zuletzt gilt auch noch die andere Tatsache, dass uns erkannte Wahrheit Gottes, bei der wir verweilen, frei macht (Johannes 8, 31), und dass sie unser Schutz und Schirm ist (Psalm 91, 4).

Dieses Wort aus Johannes 8, 31 ist auch gleichzeitig der entscheidende Schlüssel zum Zugang der göttlichen Wahrheit: Das Wort Jesu, an dem wir ständig dranbleiben und das wir durch Gebet, Nachsinnen und Bebrüten mit der Hilfe des Heiligen Geistes durchmeditieren und uns aneignen, wird bei diesem Prozess zur erkannten Wahrheit, die uns dann befreit (achte auch in diesem Fall darauf, dass der Hinweis auf Glaube fehlt). Ein derartiges Verweilen ist wirklich nur durch den Heiligen Geist möglich, andernfalls würden wir in einer formalen und unergiebigen Wortbetrachtung landen.

Wenn Demut im Sinne von Wahrheitsliebe und charakterlicher Wahrhaftigkeit der einzige Zugang zur Gnade ist, dann ist zu erwarten, dass der Teufel, der Vater der Lüge, alles daran setzen wird, dass wir durch Betrug und Verführung aus der Demut herausgeführt werden oder sie gar nicht erst finden. Das Repertoire seiner Bemühungen haben wir bereits kennen gelernt. In Breite versucht er eine neue Definition des Begriffes Demut, indem er ihn durch Assoziation von Schwäche, Mangel, Unfähigkeit, Krankheit und Defizit verunstaltet. Eine so unattraktiv gewordene Demut, die ihre Wurzeln aus dem Hellenismus genommen hat, sorgt zuverlässig dafür, dass sie abgelehnt und gemieden wird. Niemand will sie. Aber mit ihr bleiben auch Gottes Gnade und alle seine konkreten Angebote auf der Strecke.

Wir bleiben bei der Thematik Verstehen, Begreifen und Wissen dessen, was uns die biblische Lehre an göttlichen Gedanken vermittelt. Unser Verstand ist ein Kampffeld, um das sich alle möglichen Gedanken und Lehren bemühen. Wer es eingenommen hat, wird dann unweigerlich gemäß der damit eingenommenen Denkweise sein Herz beauftragen, das zu begehren, zu glauben und zu beanspruchen, was man als gut und richtig erkannt hat. Je klarer diese Einsicht ist, umso leichter und selbstverständlicher ist der nachfolgende Glaubensakt. Das kann nicht oft genug gesagt werden. Diese hier vorgelegte Schrift will nicht im Entferntesten die Bedeutung des Glaubens in der Nachfolge schmälern, aber sie hebt heraus, dass erkannte Wahrheit die unaufgebbare Voraussetzung des Glaubens ist.

So müssen wir jetzt herausfinden, wie wir uns so mit biblischer Wahrheit füllen können, dass wir nur noch in dieser Kategorie denken, sehen, fühlen und trachten. Und eines muss dabei unbedingt berücksichtigt werden: Das darf auf keinen Fall anstrengend werden. Es muss den Geruch der Erlösung bleibend an sich haben! Wenn wir die Hilfe des Heiligen Geistes beanspruchen, wird es möglich sein, voll von Wahrheit zu werden und doch Spaß an der Wahrheit zu haben und sie als erlösend, wohltuend und sogar Lust vermittelnd zu erleben und zu genießen.

Kapitel 9
Der Heilige Geist führt in die Wahrheit

Wir müssen eine Weile beim Heiligen Geist verweilen, weil das Thema „Umgang mit biblischer Wahrheit" ohne ihn ins Unanschauliche und Abstrakte zu gleiten droht. Wenn wir die praktische Hilfe des Heiligen Geistes nicht erfahren, wird es letztlich nur bei der Forderung nach Wahrheit bleiben, aber sie wird nicht in uns sein.

Der Heilige Geist wird uns in der Schrift als der Geist der Wahrheit, der Erkenntnis, der Weisheit, der Gnade und des Gebets beschrieben. Er ist vor allem aber der Geist, der uns lehrt, das Erkannte zu sehen und mit innerer Anschauung zu versehen. Das ist geradezu die Domäne des Heiligen Geistes. Mit seiner Ausgießung zu Pfingsten wurden die Gläubigen fähig zu sehen, Träume zu empfangen und Visionen zu bekommen. Nach vielen Schriftworten, vor allem im Johannesevangelium (z. B. Johannes 4, 42; Johannes 13, 35 und Johannes 14, 7), gibt es eine so enge Verbindung zwischen Erkennen und Sehen, dass diese beinahe gleichbedeutend sind. Wir sollen nicht mit abstrakten Begriffen umgehen, sondern die Wahrheit des Evangeliums mit derartig anschaulicher Deutlichkeit wahrnehmen, dass sie uns berührt, erfüllt und verändert.

So hatten wir bereits festgestellt, dass die Wahrheit frei macht, das heißt, sie greift in unser Erleben und Verhalten ein (siehe Johannes 8,31), sie schützt und sie beschirmt (siehe Psalm 91,4), sie entbindet Liebe (siehe 3. Johannes 1 u. 6), sie schafft Wohlergehen, Gesundheit und seelisches Wohlbefinden (siehe 3. Johannes 4) sie entängstigt und befreit von Verdammnis (siehe 1. Johannes 3,19 -21).

Weil der Heilige Geist uns die Wahrheit *sehen* lässt und weil die Wahrheit eine Person (Jesus) ist, wird uns auch verheißen, dass wir durch den Heiligen Geist und mit ihm den Geist der Weisheit und Offenbarung empfangen. Dieser lässt uns Gott sehen und zeigt uns ferner, was unsere hoffnungsvolle Berufung ist, wie die Herrlichkeit unserer Erbschaft aussieht (siehe Epheser 1,18b) und dass wir, indem wir ständig auf die Herrlichkeit Jesu sehen, in sein Bild und von Herrlichkeit zu Herrlichkeit verwandelt werden (siehe 2. Korinther 3,18). Und schließlich erleben wir, so sagt es die Schrift weiter, die Befähigung zur Liebe und zur Liebestat an Bedürftigen, indem wir ständig in den Hintergrund des Evangeliums schauen, das nur aus Liebe, Begnadigung, Beschenkung und Freiheiten besteht (siehe Jakobus 1,22-27).

Dieser Prozess folgt offensichtlich einer bestimmten Reihenfolge und Gesetzmäßigkeit:

1. Wir fangen mit den Fakten des neuen Lebens (Beziehung zu Jesus und Eintritt in das Reich Gottes) an und behandeln sie als Tatsachen, die selbst voll von Wahrheit sind und durch Wahrheit miteinander verbunden sind.

2. Diese werden in unserem Verstand und Bewusstsein als zusammenhängende Lehre und Gedanken abgebildet und formen in uns durch die Hilfe

des Heiligen Geistes ein anschauliches Bild von Wahrheit, Schlüssigkeit und Gewissheit, das Sicherheit und Kühnheit in uns frei setzt.

3. Diese Fakten und die sich darin ausdrückende absolute Wahrheit Gottes wirken nicht nur auf unseren Geist, sondern gleichzeitig auch ordnend und stabilisierend sowie disziplinierend auf die Seele. Diese setzt daraufhin in Zusammenarbeit mit dem Geist Gefühle und Stimmungen wie Freude, Friede, Hoffnung, Wohlergehen, Liebe, Geborgenheit und Hingabewilligkeit frei.
   Es gibt dabei eine feste Reihenfolge von Reaktionen auf Wahrheit: Die erste Reaktion unserer Seele erfolgt in Gedanken, dann erst treten die dazugehörenden Gefühle auf! Es bleibt immer bei dieser Reihenfolge, auch wenn manchmal das Vorhandensein bestimmter, Gefühle auslösender Gedanken nicht immer erkennbar ist. Diese Zusammenhänge treffen auch für Negativgefühle (Trauer, Schmerz, Angst, Sorge, Unsicherheit) zu, nur dass dann zuvor negative Sachverhalte vorgelegen haben (z. B. Bedrohung, Gefahr, Unsicherheit, Alleinsein, Schwachsein usw.).

4. Erst nach den Gefühlen kommen die Befähigungen und sichtbaren Bestätigungen bzw. Hilfen. Um sie auszulösen, bedarf es in aller Regel eines zusätzlichen Schrittes, eben der Glaubensreaktion. Diese ist zu unterteilen in glaubendes Ergreifen des erkannten Verheißungswortes, das Aussprechen dieser Verheißung im Glauben und Handeln gemäß dem Glauben.

Die ersten drei Ebenen sind also überwiegend, wenn nicht gar ausschließlich, Erkenntnisebenen, die letzte, die Glaubens- und Bemächtigungsebene.

Kapitel 10
Auferbauung durch Sprachengebet

Der praktische Weg zur Erkenntnis des Willens Gottes und der Wahrheit sieht so aus, dass wir uns ständig neu mit dem Heiligen Geist füllen, was unter anderem und besonders durch Beten in der neuen Gebetssprache erfolgt. Nach Epheser 5, 18-21 soll die immer wieder stattfindende Neuerfüllung mit dem Heiligen Geist dadurch erfolgen, dass wir uns selbst Psalmworte und geistliche Lieder zusprechen, aus einem vollen Herzen Jesus preisen, dem Vater gegenüber im Namen Jesu unsere Dankbarkeit aussprechen und schließlich – ein sehr überraschender Aspekt – uns gegenseitig in der Furcht Christi unterordnen. Was aus dieser regelmäßigen Übung resultiert, ist schlicht die Auferbauung der gesamten Person. Auferbauung meint Wachstum, Stabilisierung, Ordnung und Strukturierung und aufgrund dieser sauberen Ordnung auch sicher Schönheit.

Dieser Effekt ist für jeden Beter regelmäßig in seiner bewussten Eigenwahrnehmung registrierbar. Die Resultate sind Erfahrung von Ruhe, Geborgenheit, Friede und Wohlbehagen mit Wahrnehmung der Gegenwart des Heiligen Geistes und von Jesus selbst. Aber das Besondere daran ist, dass sich mit diesen Erfahrungen, subjektiv unterschiedlich deutlich wahrnehmbar, ein Zustrom von Weisheit und Verstehen des Willens Gottes einstellt (siehe Epheser 5,15-17).

Mit dem angemessenen und weisen Gebrauch des Sprachengebetes, das keine Last ist, sondern eben aufbauen soll, tauchen wir ein in die Sphäre der vergangenen und zukünftigen Taten Gottes. Außerdem bekommen wir Zugang zu seinen Geheimnissen und erfahren so, was er mit uns vor hat (siehe Apostelgeschichte 2,11 und 1. Korinther 14,2). Es kommt so, abhängig von der Dauer und Intensität dieser Art des Betens, zu etwas wie einer Imprägnierung unserer unbewussten und später auch der bewussten Denkebenen mit göttlichem Programm sowie mit Wahrheiten und Fakten, was sich naturgemäß auch in positiven Gefühlsregungen niederschlägt. Das ist der Anfang des Segens-Kreislaufes.

Das alles ist für sich schon schön und wohltuend, aber noch unspezifisch. Wenn wir dem Heiligen Geist weiter Raum geben, wird er uns mit seinem Lieblingsthema vertraut machen, mit der Person Jesus, sowie seinen Worten und Taten. Er ist der Geist der Gemeinschaft und der Vermittlung (*Koinonia* = Gemeinschaft, Vermittlung, Partnerschaft), der uns hinführt zu Jesus und uns aufschließt und in Erinnerung bringt, wer Jesus ist, was er gesagt und was er getan hat. Der Heilige Geist weist uns in alle Hintergründe der Erlösung ein und veranschaulicht, was uns gehört. Er führt uns als Geist der Wahrheit *in* die Wahrheit, also in Jesus selbst und in sein Wort hinein.

Damit sind wir erneut bei unserem großen Thema: Die Wahrheit um Jesus, das ganze Ausmaß seines Heils mit allen Segnungen und Angeboten. Der Heilige Geist will uns helfen, sie zu verstehen, um im praktischen Fall, oder besser schon bevor sich dieser ereignet, zu wissen, was uns gehört, um es dann im Glauben ergreifen zu können. Dies alles klar zu unterscheiden, ist nicht eine überdehnte

Begriffsdifferenzierung, sondern das ausgesprochene Anliegen Jesu, der, wie wir schon festgestellt haben, mit Gewissenhaftigkeit analysierte, weswegen seine Jünger sich mit Wundern so schwer taten.

Wir sollen also Menschen der Wahrheit sein, ja regelrecht aus der Wahrheit sein.

> **1. Johannes 3**
> 19 Hieran werden wir erkennen, dass wir aus der Wahrheit sind, und wir werden vor ihm unser Herz zur Ruhe bringen – 20 dass, wenn das Herz uns verurteilt, Gott größer ist als unser Herz und alles kennt. 21 Geliebte, wenn das Herz (uns) nicht verurteilt, haben wir Freimütigkeit zu Gott 22 und was immer wir bitten, empfangen wir von ihm, weil wir seine Gebote halten und das vor ihm Wohlgefällige tun (Hinzufügung durch den Autor).

Aus der Wahrheit zu sein ist nach diesem Schriftwort eine klar definierte Verfassung. Sie ist dann gegeben, wenn wir im Fall von Beunruhigung und Verdammnis durch Umstände und Schuld so viel Erkenntnisklarheit in uns haben oder verfügbar haben, dass wir uns selbst und unser Herz damit beruhigen können und die Lügen, die uns Verdammnis bereiteten, überführen können. Das Problem liegt also nicht darin, dass wir beunruhigt und in Verdammnisstimmung hineinkommen, sondern dass wir nicht einen Bestand von eroberter und gespeicherter Wahrheit in uns haben, durch den wir diesen Zustand beheben können.

Der Zusammenhang von einer wahrheitsorientierten Grundbefindlichkeit und Gebetserhörungen wird dann in den nachfolgenden Aussagen besonders herausgestellt, indem uns das Wort zusichert, dass wir frei von Verdammnisgefühlen, also in Ruhe, Gewissheit und Kühnheit, in jedem Fall Gebetserhörungen haben werden. Dazu passt auch die Beschreibung der Kraft der Wahrheit aus 3. Johannes 2, die uns, wie bereits festgestellt, befähigt in konstanter Gesundheit und seelischem Wohlergehen zu leben.

Überhaupt ist es interessant und sicher nicht zufällig, dass alle herausragenden neutestamentlichen Zusagen der perfekten Gebetserhörungen einen Zusammenhang entweder mit klar erfassten Details der Wahrheit oder dem Thema der Gemeinschaft und Einheit der Beter untereinander aufweisen. Dazu gehören neben den beiden schon erwähnten Schriftstellen die folgenden Worte Jesu:

> **Johannes 15**
> 7 Wenn ihr in mir bleibt und meine Worte in euch bleiben, so werdet ihr bitten, was ihr wollt, und es wird euch geschehen.

> **Johannes 15**
> 16 *Ihr* habt nicht mich erwählt, sondern *ich* habe euch erwählt und euch

gesetzt, dass ihr hingeht und Frucht bringt und eure Frucht bleibe, damit, was ihr den Vater auch bitten werdet in meinem Namen, er euch gebe.

1. Johannes 5
14 Und dies ist die Zuversicht, die wir zu ihm haben, dass er uns hört,
wenn wir etwas nach seinem Willen bitten. 15 Und wenn wir wissen, dass
er uns hört, was wir auch bitten, so wissen wir, dass wir das Erbetene
haben, das wir von ihm erbeten haben.

Matthäus 18 (Lutherbibel)
19 Wenn zwei von euch auf der Erde übereinkommen werden, irgendeine
Sache zu erbitten, so wird sie ihnen werden von meinem Vater, der in den
Himmeln ist. 20 Denn wo zwei oder drei versammelt sind in meinem
Namen, da bin ich in ihrer Mitte.

Johannes 14
13 Und was ihr bitten werdet in meinem Namen, das werde ich tun, damit
der Vater verherrlicht werde im Sohn. 14 Wenn ihr mich etwas bitten
werdet in meinem Namen, so werde ich es tun.

Johannes 16
23 Und an jenem Tag werdet ihr mich nichts fragen. Wahrlich, wahrlich,
ich sage euch: Was ihr den Vater bitten werdet in meinem Namen, wird er
euch geben. 24 Bis jetzt habt ihr nichts gebeten in meinem Namen. Bittet,
und ihr werdet empfangen, damit eure Freude völlig sei!

Alle diese Schriftworte sind Hinweise auf den Weg zu den Wundern, die das Reich Gottes auf Erden und wir selbst dringend brauchen. Die Zutaten zu einem solchen Lebensstil in der Kraft Gottes und der Bestätigung durch Gottes Eingreifen sind offensichtlich. Zum einen ist es die Liebesbeziehung zu Jesus und die Übereinstimmung mit dem Bruder, mit dem wir gemeinsam zum Thron Gottes gehen und zum anderen die Kenntnis und völlige Bejahung und Gewissheit der Heilstatsachen Gottes und der auf diesen basierenden Verheißungen. Wir sollen derartig von ihnen durchdrungen sein, dass wir nicht mehr die Probleme sehen, sondern mit erleuchteten und sehenden Augen schon die jeweilige Lösung erkennen, ja nicht nur sie, sondern möglichst alle uns umgebenden Fakten und Angebote der unsichtbaren Welt.

Diese Art von Erkenntnis gilt es zu trainieren. Wir sollen uns versenken in die göttlichen Einzelwahrheiten und in die sie verbindende Lehre. Unsere Aufgabe ist es, diese Zusammenhänge zu kennen, zu verstehen, davon zu träumen, sie zu sehen und am Ende selbstverständlich im Glauben zu ergreifen. Ich glaube, dass 90 Prozent allen „Aufwandes“ auf dem Weg zu Gebetserhörungen auf diesen Erkenntnisteil kommt und nur 10 Prozent den Glaubensakt betreffen.

Kapitel 11
Denken in den Kategorien der Welt?

Eigentlich müsste es eine leichte Aufgabe sein, dem Worte Gottes dieses Konzept des Erkennens und Glaubens zu entnehmen. Es steht ja alles in einfachen und unmissverständlichen Worten da. Und doch erscheint es vielen als ein schwieriges und fast unlösbares Unterfangen.

Das Problem liegt in der Tatsache, dass wir alle derartig von dem Sichtbaren und der Norm des sichtbar Faktischen sowie von den dahinter liegenden Philosophien bestimmt, programmiert und unbewusst gelenkt sind, dass wir gar nicht mehr merken, wie weitgehend wir die Weltanschauungen und Denk- und Wertevoraussetzungen unserer Umgebung und Kultur übernommen haben. Wir denken in den Kategorien dieser Welt, wir werden von den sichtbaren Realitäten unserer Umwelt mit ihren innewohnenden Botschaften 24 Stunden des Tages bombardiert, die ununterbrochen sagen, feststellen und zwanghaft überzeugen: „Es geht einfach nicht. Das Problem ist zu groß, du musst dich bescheiden, das haben schon andere vor dir versucht und sind gescheitert, du musst einfach die Tatsachen anerkennen, alle anderen kochen auch nur mit Wasser und überhaupt, sei nicht so eitel und größenwahnsinnig, dass du meinst, es besser machen zu können als die anderen."

Und wenn man sich als engagierter Christ und Beter doch dagegen stemmt und auf die Offenbarung der Schrift und die konkreten Siegesfeststellungen und Verheißungen verweist, dann lassen die Kommentare, die aus der eigenen Seele hochsteigen oder uns von wohlmeinenden Christen süffisant rübergereicht werden, nicht lange auf sich warten: „Merkst du nicht, dass du gewaltig überziehst? Willst du die gesamte exegetische Arbeit von Generationen von Pastoren und Theologen einfach ignorieren, die nachgewiesen haben, dass man diese Worte nicht in einem so simplifizierten Schwarz-Weiß-Verständnis übernehmen darf? Haben nicht die Besten unter ihnen auch grausame private und familiäre Schicksalsschläge hinnehmen müssen? Siehst du nicht, dass du ein grässlicher Vereinfacherer bist und einem durch und durch mechanischen Verständnis der Schrift verfallen bist und eine frevelhafte und primitive Engführung der Schriftinterpretation das Wort redest? Und überhaupt, merkst du nicht, dass du mit solchen Gedanken den Weg der Demut verlassen hast und dich größter Anmaßung schuldig machst? Und wenn im Einzelfall Gott in seiner Gnade reagiert und in das Leben eines Menschen eingreift, wer gibt dir das Recht, das zu verallgemeinern?"

Solche Worte und Gedanken wirken zuverlässig bremsend und ernüchternd, denn niemand möchte ein ungehobelter und undifferenzierter Schriftverdreher sein, der es wagt, einfache Antworten in der Schrift zu finden, wo doch alles viel komplexer und ganz anders ist. Insofern sind die Warnungen Jesu und seine Weherufe gegen die Pharisäer für uns von größter praktischer Wichtigkeit, denn alles, was unserem Versuch entgegen gehalten wird, den Weg zum Sieg zu erkennen, zu verstehen und zu gehen, ist inhaltlich in der Lehre des Herodes, der Sadduzäer und der Pharisäer enthalten.

Natürlich, wir brauchen dringend Demut und Bescheidenheit, weil wir ohne sie nichts von dem erkennen können, was Jesus uns geschenkt hat. Aber Demut ist nicht, wie mehrfach bereits ausgedrückt, Glorifizierung von Mangel und Schwäche, sondern Anerkennung unserer totalen Begrenztheit und Schwäche und gleichzeitig die Bejahung von Christi Macht und seine Willigkeit, sie für uns einzusetzen, also vollkommene Anerkennung der Wahrheit über Gott und uns. Dadurch fühlt sich der Vater verherrlicht! Und deswegen wird der wirklich Demütige kühn sein und gegen den Strom schwimmen und sich dagegen zur Wehr setzen, dass alles Sichtbare als unveränderliches und unumgängliches Schicksal hinzunehmen ist.

Die Auseinandersetzung, die auf jeden wartet, der die Welt und sein Leben vom Blickwinkel der Offenbarungserkenntnis deuten will, geht nicht so sehr gegen die sichtbaren Fakten selbst, sondern hat mit den Kräften zu tun, die hinter dem Sichtbaren stehen und welche die Anerkennung der sichtbaren Fakten als unumstößlich von uns fordern. Dieses Weltsystem hat sein eigenes Verständnis von Vernunft und fordert von uns, dieses als allein gültig und bestimmend anzuerkennen:

2. Korinther 10

3 Denn obwohl wir im Fleisch wandeln, kämpfen wir nicht nach dem Fleisch; 4 denn die Waffen unseres Kampfes sind nicht fleischlich, sondern mächtig für Gott zur Zerstörung von Festungen; 5 so zerstören wir Vernünfteleien (Vernunft-Bastionen) und jede Höhe, die sich gegen die Erkenntnis Gottes erhebt, und nehmen jeden Gedanken gefangen unter den Gehorsam Christi 6 und sind bereit, allen Ungehorsam zu strafen, wenn euer Gehorsam erfüllt sein wird (Hinzufügung durch den Autor).

Die Heilige Schrift sieht offenbar geistige Strukturen und Mächte hinter der irdischen Wirklichkeit, die einen kollektiven zwanghaften Einfluss auf die Menschen ausüben, indem sie diese glauben machen wollen, dass die sichtbaren Dinge und die weltliche Rationalität alles ist. Mehr gibt es nicht und am Wenigsten eine unsichtbare Zone von realen göttlichen Geschenken und Freiheiten. Dieser konstante Ansturm solcher Kräfte ist es, der es uns so schwer macht, die einfache biblische Erkenntnis über Gottes Sein und Wirken in unserer irdischen Umwelt zu ergreifen und als Grundlage unseres Denkens und Lebens festzulegen.

Aber Jesus hat uns Autorität über alle Gewalt des Feindes und damit auch über diese Kräfte gegeben. Wollen wir wirklich ganz klar sehen, müssen wir diese Vollmacht nutzen und diese lügenhaften Mächte und ihre Argumentation überführen und überwinden.

Weil diese Mächte sich als hochfahren und überlegen darstellen, aber in Wirklichkeit schwach und bettelarm sind (siehe Galater 4,9), werden wir, nachdem wir uns ihrer Macht entzogen haben, nicht nur über eine klare Sicht und korrekte

Erkenntnis verfügen, sondern überhaupt freigesetzt sein zu einem neuen Denken und Hoffen. Diese Hoffnung wird sich in jedem Fall im Laufe dieses Prozesses einstellen, weil Hoffnung nach biblischer Aussage (siehe Hebräer 6,17-19) eine Reaktion der *Seele* auf die konkreten Verheißungen der Schrift darstellt. Wenn der Heilige Geist unser Denken befreit und wir uns befreien lassen, wird davon unsere Seele profitieren. Sie wird befähigt sein zu hoffen, Gottes Eingreifen zu erwarten und sich im Voraus darauf freuen zu können. Das ist ein großartiger aber durchaus auch notwendiger Nebeneffekt. Dieser ist umso mehr erforderlich, als unser Denken in biblischer Schau die Ausrichtung und positive Zielführung der Hoffnung braucht, um selbst diszipliniert und zielgerichtet funktionieren zu können. Das wird in der Schrift durch das folgende Bild ausgedrückt.

> **1. Thessalonicher 5**
> 8 Wir aber, die dem Tag gehören, wollen nüchtern sein, angetan mit dem Brustpanzer des Glaubens und der Liebe und als Helm mit der Hoffnung des Heils (Errettung).

Das Erhoffen einer bereitstehenden Errettung aus einer vorhandenen Notsituation schützt und beflügelt unser Denken.

Kapitel 12
Durch Heiligung zu biblischem Denken

Im Römerbrief finden wir eine hochinteressante Schriftpassage, in der Paulus den Vorgang beschreibt, wie unser Denken so befreit wird, dass dann der Wille Gottes überhaupt erst erkennbar werden kann. Genau genommen werden wir, nachdem wir einen bestimmten Prozess der Heiligung durchlaufen haben, zunächst fähig, den Willen Gottes prüfen zu können, um ihn dann nachher für bestimmte Einzelsituationen konkret zu erfassen.

Römer 12

1 Ich ermahne euch nun, Brüder, durch die Erbarmungen Gottes, eure Leiber darzustellen als ein lebendiges, heiliges, Gott wohlgefälliges Opfer, was euer vernünftiger Gottesdienst ist.
2 Und seid nicht gleichförmig dieser Welt, sondern werdet verwandelt durch die Erneuerung des Sinnes, dass ihr prüfen mögt, was der Wille Gottes ist: das Gute und Wohlgefällige und Vollkommene.

Das ist schon bemerkenswert: Wir können gar nicht so ohne weiteres den Willen Gottes erkennen! Wir müssen zuerst durch einen Veränderungsprozess hindurchgehen, der durch eine Erneuerung unseres Denkens gekennzeichnet ist, in welchem wir uns aus der weltläufigen Denkweise herauslösen. In dieser bewegen wir uns offensichtlich alle, so lange wir es nicht lernen, schriftkonform zu denken.

Erst dann sind wir befähigt zu prüfen, was im jeweiligen Einzelfall Gottes Wille für uns ist. Vorher sind wir nicht prüffähig, geschweige erkenntnisfähig und deswegen auch am allerwenigsten in der Lage, die drei genannten Kriterien der Prüfung des Willens Gottes zu akzeptieren: Gottes Wille ist im konkreten Prüffall daran zu messen, was total gut ist, was Gott wohlgefällig ist und was vollkommen ist. Das sind Maßstäbe, die so markant und absolut sind, dass sie von einem „normalen" Christen, der sein Leben durchschnittlich dahin lebt, Enttäuschung und Niederlagen hinnehmen musste und all das nur überstehen konnte, weil er seine Standards relativierte und die Niederlage zur Norm erklärte, niemals herangezogen werden können.

Dieses Wort bestätigt uns also, dass unsere Anpassung an den Lauf der Dinge und die gängigen Phänomene und Ursachen der Welt so weit fortgeschritten ist, dass wir tatsächlich nicht mehr so ohne weiteres imstande sind, die göttlichen Normen zu erkennen und daraus den Willen Gottes abzuleiten. Wir brauchen eine Transformation des Denkens, um richtig denken zu können! Genau genommen sieht der Prozess sogar so aus, dass unser Denken transformiert werden muss, damit wir dann die göttlichen Prüfkriterien verstehen können, um dann erst richtig erkennen und wissen zu können, was Gottes Wille ist. Das ist ganz schön herausfordernd und beweist, wie dringlich die Arbeit des Erfassens göttlicher Wahrheit ist.

Der Schaden des Verkennens des Reiches Gottes und seiner Gesetze hat in unserem Leben schon früh angefangen. Wir müssen Jahrzehnte verkehrten Denkens und Reagierens und eines daraus abgeleiteten Bewertungs- und Weltanschauungsprogramms revidieren. Wir entziehen uns dabei den Maßstäben dieser Welt. Aber wir werden dadurch auch reich beschenkt. Wir erkennen, was Gott alles schon für uns vorbereitet hat, und weil wir es klar sehen können, werden wir es leicht glauben können. Gottes Werke, seine Wunder, geschehen dann unter uns.

Kapitel 13
Alles wird uns durch das Erkennen zuteil

Zum Schluss noch eine biblische Aussage, die den Zusammenhang von Erkenntnis Gottes und reichem, fruchtbaren Leben in einer fast provozierenden Deutlichkeit und Einfachheit beschreibt:

2. Petrus 1
3 Da seine göttliche Kraft uns alles zum Leben und zur Gottseligkeit geschenkt hat durch die Erkenntnis dessen, der uns berufen hat durch seine eigene Herrlichkeit und Tugend, 4 durch die er uns die kostbaren und größten Verheißungen geschenkt hat, damit ihr durch sie Teilhaber der göttlichen Natur werdet, die ihr dem Verderben, das durch die Begierde in der Welt ist, entflohen seid: 5 eben deshalb wendet aber auch allen Fleiß auf und reicht in eurem Glauben die Tugend dar, in der Tugend aber die Erkenntnis, 6 in der Erkenntnis aber die Enthaltsamkeit, in der Enthaltsamkeit aber das Ausharren, in dem Ausharren aber die Gottseligkeit, 7 in der Gottseligkeit aber die Bruderliebe, in der Bruderliebe aber die Liebe.

Die Botschaft ist wirklich einfach: Alles, was wir zum Leben (griechisch *zoe* = übernatürliches, reichhaltiges Leben aus Gott) und zur Gottseligkeit (erfülltes, beglücktes Zusammenleben mit Gott) benötigen, ist uns geschenkt (!), in dem wir Gott erkennen, der uns berufen hat. Diese Berufung erfolgt durch seine Herrlichkeit, die wir bei diesem Prozess auch wahrnehmen sollen und durch seine Tugend.

Hier steht es, die Kraft zum Leben in dem beschriebenen reichhaltigen, überfließenden Ausmaß wird uns durch *Erkennen* zuteil. Erkennen, allerdings in seiner umfassenden Form, reicht aus, um uns mit allem auszustatten, was wir im Leben brauchen. Das ist faszinierend. Natürlich schließt das, wie schon viele Male beteuert, den Glauben nicht aus. Aber auch hier dürfte dieselbe Gesetzmäßigkeit vorliegen, die wir schon mehrfach festgestellt haben: Wenn wir Gott tatsächlich in seiner Herrlichkeit und seiner Kraft, aber auch in seiner Willigkeit zu helfen, erkannt haben, dann werden wir einfach nicht anders können und wollen, als uns im Glauben das Erkannte anzueignen. Was wir gesehen haben, ist so klar, so selbstverständlich verfügbar, so schön und auch so nah, dass man dann gar nicht anders kann, als es zu ergreifen.

Allerdings dürfen wir die nachfolgenden Aussagen nicht übersehen: Die kostbaren Verheißungen zeigen uns nicht nur Kräfte und Dinge, die uns in Form von Gebetserhörungen als Materialien für die Gestaltung des diesseitigen Lebens geschenkt werden. Sie sind auch der göttliche Stoff, in den wir uns verwandeln sollen und durch den wir der göttlichen Natur teilhaftig werden sollen. Darin drückt sich das uns bereits bekannte Prinzip aus: Was wir ansehen, verändert uns und macht uns dem gleich, was wir erkennen.

Dieser Anteil der biblischen Lehre über erkannte Wahrheit darf auf keinen Fall übersehen werden, denn zur Veränderung unserer Person gehört auch die Umgestaltung hin zur völligen Wahrhaftigkeit, sprich Demut. Wir werden nur dann an seiner Natur Anteil haben, wenn wir unsere fleischliche Natur erkannt haben und uns willig von ihr trennen wollen, weil die erkannte göttliche Natur unsere eigentliche und auch die schönere und lustvollere Berufung ist. Auch hier gilt, erst wenn wir voll von seiner Wahrheit sind, sind wir erkenntnisfähig, das heißt, wir können seine Wahrheit erkennen. Es gibt dafür keine Abkürzung, wofür auch die nachfolgende Beschreibung des Entwicklungsprozesses spricht (Verse 5-7).

Das sollte uns indessen nicht abschrecken. Denn die Innenerfahrungen einer allmählichen Transformation durch immer neue Erkenntnis der Herrlichkeit Jesu haben Vorrang und sind noch schöner als die auswärtigen Erfahrungen, die Gottes Eingreifen in unsere sichtbare Welt darstellen. Beide gehören zusammen. Gott vermittelt uns beides, die realen Erfahrungen der Erlösung und der Vergebung in allen irdischen Erscheinungsformen, wie auch die Anfüllung unseres inneren Menschen mit göttlichen Tugenden, Schätzen und Herrlichkeit wie auch mit Weisheit und Klugheit:

Epheser 1

7 In ihm haben wir die Erlösung durch sein Blut, die Vergebung der Ver-
gehungen, nach dem Reichtum seiner Gnade, 8 die er auf uns hat über-
strömen lassen in aller Weisheit und Einsicht. 9 Er hat uns ja das Geheim-
nis seines Willens kundgetan nach seinem Wohlgefallen, das er sich vor-
genommen hat in sich selbst.

Dieses Wort entspricht dem Befund, der uns in Epheser 3 gegeben ist. Es ist nicht so, dass es nur die großartigen Wahrheiten und unsichtbaren Wirklichkeiten gibt, die es jetzt mit unserer Erkenntnis zu entschleiern gilt. Erkenntnis, Weisheit und Einsicht sind selbst Geschenke des Heils, durch die wir das Heil erfahren sollen.

Der Vater will uns Kraft geben nach dem Reichtum seiner Herrlichkeit durch seinen Geist an unserem inwendigen Menschen stark zu werden, damit wir mit allen Heiligen begreifen mögen, welches die Breite und Länge und Höhe und Tiefe seiner Liebe und seines Ratschlusses sei und auch erkennen die Liebe Christi, die doch alle *Erkenntnis* übertrifft.

Dieses Wort sagt uns noch einmal nachdrücklich, dass der Erkenntnisvorgang, von dem hier ständig die Rede ist, nicht den üblichen intellektuellen Erkenntnisbemühungen entspricht. Nicht durch intellektuelle Arbeit, sondern durch Ausstattung mit Kraft in unserer Innenperson erfahren wir Einsicht in Gottes Wesen und Pläne.

Kapitel 14
Schritte der Erkenntnis und des Glaubens

Wo landen wir und wie sieht unser Befinden aus, wenn alle diese Schritte gegangen sind und wir auf einmal einer praktischen Not gegenüber stehen? Gehen wir von dem Fall einer akuten Erkrankung oder einer plötzlichen finanziellen Notsituation aus.

1. Wir wissen, dass der Weg zu Gott durch Erkennen und Wahrnehmung seiner Gegenwart offen steht und Gott uns einlädt, zu ihm zu kommen und uns von ihm trösten und aufbauen zu lassen.
2. Wir entnehmen dem Leid oder den leidbedingenden Umständen auf keinem Fall eine Botschaft, die uns von Gottes Liebe und Hilfe abdrängen will. Das ist der häufigste Fehler von schlecht informierten Christen. Sie fühlen dann fehlerhafterweise: „Gott ist gegen mich, was ich erlebe ist Ausdruck von Gericht, er will und kann nicht helfen, meine Gefühle beweisen mir, dass ich allein gelassen bin, ich habe seine Hilfe nicht verdient."
   In einer solchen Situation will das jeweilige Problem uns einreden, dass sich Gott gegen uns gestellt hat oder das gegenwärtige Leid Ausdruck von Gottes Erziehung und seinem Gericht ist. Der belehrte Nachfolger Jesu weigert sich grundsätzlich, die Stimme Gottes aus den Umständen hören zu wollen.
3. Wir sättigen uns am Charakter Gottes und an seinen Liebeserklärungen und Hilfebeteuerungen.
4. Nachdem wir alle Lügen über unsere Person und Gottes angebliche Ungnade außer Kraft gesetzt und unser Herz von allen Verdammnisgefühlen befreit haben, werden wir erneut deutlich spüren, wie Gott uns liebt. Wir werden merken, wie unser Wissen und unsere Gefühle diese Liebe widerspiegeln und wie zunehmende Zuversicht und Kühnheit in uns einkehrt. In dieser Verfassung wird uns klar, dass die von Gott zugelassene Not eine Chance ist, gleichsam eine Berufung zum Überwinden darstellt. Sie dient aus Gottes Sicht dem Zweck, durch Überwinden besondere Wachstums- und Reifeerfahrungen zu machen, wie sie im Gleichmaß der Lebensabläufe vorher nicht möglich gewesen wären. Es kommt so etwas wie ein Rühmen in Bedrängnissen zustande, weil wir wissen.

   Römer 5 (Lutherbibel)
   2 Mittels Glauben haben wir Zugang erhalten zu dieser Gnade, in der wir stehen, und rühmen uns in der Hoffnung der Herrlichkeit Gottes. 3
   Nicht allein aber das, sondern wir rühmen uns auch in den Bedrängnissen, da wir wissen, dass die Bedrängnis Ausharren bewirkt, 4 das

Ausharren aber Bewährung, die Bewährung aber Hoffnung, die Hoffnung aber lässt nicht zuschanden werden, 5 denn die Liebe Gottes ist ausgegossen in unsere Herzen durch den Heiligen Geist, der uns gegeben worden ist.

5. Bei all dem verlieren wir nicht die Bodenhaftung. Diese besteht keineswegs darin, dass wir bei dem bleiben, was wir können und nichts Großes von Gott erwarten. Gemeint ist vielmehr, dass wir Gott bitten, uns in der Liebe zur Wahrheit, in der Demut und in der Wahrnehmung unserer eigenen Unzulänglichkeit und Unfähigkeit zu halten, so dass wir nur von seiner Größe, seiner Liebe und seinen Fähigkeiten ausgehen. Der Nachfolger Jesu, der so denkt, wird ständig in sich den Satz hören: „Ohne mich könnt ihr nichts tun.“ Und doch geht es ihm gut dabei. Er ist geborgen, frei von Angst und Sorge, denn er weiß in dieser Verfassung besonders nachdrücklich, dass Jesus den Fall übernommen hat.

6. Spätestens jetzt, wahrscheinlich schon viel früher, wird die „Erkenntnismaschine“ Gottes in einem solchen Nachfolger angefangen haben zu arbeiten. Sie speist ihn mit konkreten Informationen und darüber, was Gottes Wort zu der aktuellen Not sagt, was Jesus dafür oder dagegen schon getan hat und was jetzt an Lösungsangebot in der unsichtbaren Welt vorliegt (Offenbarungserkenntnis).

   Dieser Lösungsansatz sollte dann in seinem ganzen Umfang geborgen und von allen Seiten betrachtet, untersucht und mit Anschauung ergriffen und festgehalten werden. Dabei ist es sehr förderlich, dass man es nicht bei einer inselförmigen Erkenntnis der Antwort Gottes bewenden lässt, die nur den unmittelbaren Gefahrenpunkt der vorhandenen Not behandelt. Die Gefahr wäre dann zu groß, vom Teufel an einer anderen Stelle betrogen zu werden und dann nachträglich des Sieges verlustig zu gehen.

   Deswegen sollten wir, nach gedanklicher Einnahme des Feldes, in welchem der Angriff der Not zustande kam, die ganze Umgebung mit der Erkenntnis von Gottes Aussagen bedecken und absichern. Je umfassender wir verstehen, wie Gott für uns vorgesorgt hat und wie er durch Jesus die Werke des Teufels schon durchkreuzt hat, umso mehr werden Dankbarkeit, Gotteslob und Freude unser Herz durchfluten. Das ist für den nachfolgenden Glaubensakt wichtig. Denn wir werden nicht eine Jammergestalt von Verzweiflung und Angst sein, sondern eher einer Hochburg des Heiligen Geistes gleichen, in welcher Frieden, Gewissheit und Zuversicht vorherrschen und werden so angefüllt sein mit der Freude über Gott und der Vorfreude über den endgültigen und sichtbaren Durchbruch.

7. Erst jetzt werden wir den bewussten Schritt des Glaubens gehen. Was wir sehen, erwarten und fühlen, wird uns drängen, es endgültig in Besitz zu nehmen. Glauben heißt, auf der Ebene einer Vertrauens- und Liebesbeziehung das von Jesus zu beanspruchen, was wir zuvor genau erkannt und

bewertet haben: Es ist vorhanden, es gehört uns, es steht uns zum Segen und zum Genuss zur Verfügung und es wird uns nur als Geschenk, also im Sinne der Gnade zuteil und kann nicht verdient werden.

Für die Entwicklung unseres Glaubens scheint ein Zeitfaktor eine gewisse Rolle zu spielen. Erst müssen wir lernen, die Wahrheit zu erkennen, um dann voll von Wahrheit zu werden. Das kostet Zeit. Erst dann kann daraus Glaube entspringen. In diesem Sinne muss wohl das Wort Jesu an die Jünger verstanden werden, als sie gemeinsam in einem Boot (wieder in einem Boot!) in Seenot gerieten.

Markus 4 (nach Luther)
40 Und er sprach zu ihnen: Was seid ihr so furchtsam? Habt ihr *noch* keinen Glauben? (Hervorhebung durch den Autor).

Diese Begebenheit ereignete sich vermutlich vor den beiden Brotvermehrungswundern mit den nachfolgenden Gesprächen im Boot auf dem See Genezareth. Bis dahin hatten sie sicher nur wenige Beweise von Jesu übernatürlichen Worten und Werken erlebt. Aber in den Augen Jesu müssen diese schon gereicht haben, um ausreichende Einsicht in göttliche Wahrheit zu bekommen und daraus Glaubensentscheidungen ableiten zu können. Deswegen dieses bedeutungsvolle *noch.*

Am Anfang der Nachfolge noch keinen Glauben zu haben, ist verständlich, es muss erst die Wahrheitsgrundlage gelegt werden. Aber wenn diese nach der Zeit des Zusammenlebens mit Jesus und Kenntnis seiner Worte und Taten vorhanden sein müsste und doch nicht gegeben ist, werden auch wir das Wort Jesu hören: Habt ihr *noch* keinen Glauben?

Und dann gibt es, was den von Jesus erwarteten Glauben anlangt, noch einen weiteren interessanten Gesichtspunkt, der von qualitativer und auch quantitativer Natur ist. In Matthäus 17, 19 fragen die Jünger Jesus, warum sie nicht in der Lage waren, einen dämonischen Geist bei einem kleinen Kind auszutreiben. Jesus antwortet ihnen:

Matthäus 17
20 Wegen eures Kleinglaubens; denn wahrlich, ich sage euch, wenn ihr Glauben habt wie ein Senfkorn, so werdet ihr zu diesem Berg sagen: „Hebe dich weg von hier dorthin!“ und er wird sich hinweg heben. Und nichts wird euch unmöglich sein.

Die Antwort Jesu ist aufschlussreich. Sein Hinweis auf Kleingläubigkeit der Jünger als Ursache wird uns sofort an den bereits bekannten Zusammenhang zwischen Kleinglauben und Unverständnis denken lassen: Kein Verstehen, kein Glaube, keine Wunder.

Während uns aber das Wort sagt, dass wir voll Wahrheit und sogar aus der Wahrheit sein sollen, wird von unserem Glauben nur erwartet, dass er klein, aber rein und wachstumsfähig (nach Senfkorn-Art) sein soll. Das heißt doch: Sind wir voll der Erkenntnis der Wahrheit und sogar selbst aus der Wahrheit, dann braucht es nicht viel Glauben. Die Kraft und die Fülle der erkannten Wahrheit in uns stoßen den Glauben in uns an, wobei dieser Anfangs-Glaubens-Impuls klein sein kann. Die hinter ihm liegende Wahrheit schafft aber Nachschub und sorgt, zusammen mit den ersten schon einsetzenden sichtbaren Resultaten, dafür, dass der Glaube wächst. Wirklich ein bemerkenswerter Zusammenhang: Viel Wahrheit in uns und die Wahrheit ganz erkennen, aber wenig Glaube, allerdings reiner Glaube. Das reicht!

Kapitel 15
Mehr als Erkenntnis der Wahrheit: Die Wahrheit sehen

Die Überschrift sagt es uns schon: Erkenntnis der Wahrheit reicht nicht aus. Wir sollen die Wahrheit sehen. Damit wird der Weg zu den Wundern sehr praktisch. Die Wahrheit und das Erkennen der Wahrheit sind der Unterbau des geistlichen Hauses, in dem wir uns bewegen. Über dem Fundament und dem Keller befindet sich die Belletage, die Licht durchflutete Ebene der gesehenen, gefühlten, erlebten und genossenen Wahrheit.

So lebendig und vielfältig das Wort Gottes auch ist, es ist obendrein auch klar, logisch und von makelloser, bruchreiner Systematik. Im Umfeld des Themas Wahrheit haben wir das schon entdeckt. Wir sahen folgende Ebenen:

Der Heilige Geist bringt uns mit dem Wort des Evangeliums in Verbindung. Indem wir bei dem Wort Jesu bleiben und dort verweilen, erkennen wir die Wahrheit Gottes in dem Wort (Johannes 8, 31). Auch an dieser Stelle hilft uns der Heilige Geist in besonderem Maß. Er ist uns unter anderem gegeben, damit wir wissen können, was uns von Gott geschenkt ist (1. Korinther 2, 12). Das ist ein anderes Wort für Erkenntnis der Wahrheit.

Diese so gewonnenen Einsichten reichen indessen nicht aus. Wir müssen die Wahrheit sehen. Auch dabei ist der Heilige Geist tätig, von dem es schon hieß, dass das Sichtbarmachen von Gedanken, Wahrheiten und Heilsfakten regelrecht seine Domäne ist.

Über das Ergebnis dieser Visualisierung von göttlichen Wahrheiten durch den Heiligen Geist herrscht unter den Gläubigen eine erstaunliche Unkenntnis. Die meisten Christen sind davon überzeugt, dass dieser Prozess des Sichtbarmachens zu geistlichen Träumen, zu Visionen und übernatürlichen Bildern führt. Das kann sehr wohl der Fall sein, ist aber nicht die hauptsächliche Manifestation der Tätigkeit des Heiligen Geistes. Dieser wendet sich vor allem an unsere Phantasie und Vorstellungswelt. Die Phantasie ist ein wichtiger Teil und eine bedeutende Instanz unserer Person. Was wir in unserem Leben erfahren, behandeln, wünschen und hoffen, läuft ganz überwiegend über unsere Phantasie. Wir leben eigentlich weitgehend durch sie und weniger durch direkten Umgang mit den Fakten unserer Umwelt. Es ist tatsächlich so, dass wir auch den Kontakt zu Umständen, Dingen und Menschen nicht so sehr direkt mit diesen selbst suchen, sondern über Bilder und Vorstellungen in unserer Phantasie, die diese repräsentieren.

Unser Intellekt schafft in einem ersten Schritt die Verwandlung von Außenfaktoren und Umständen in Gedanken. Die Phantasie ergreift nun diese Gedanken und verbindet sie über Vorstellungen und innere Abbilder zu einer zusammenhängenden Vorstellungswelt. Diese Inhalte unserer Phantasie verschaffen uns das wahre Erleben, indem sie Farbe, Reichtum, Gemüt und Gefühl zu den inneren Bildern hinzufügen und damit eine innere Erfahrungsebene schaffen, aus der die meisten Impulse für unser Alltagsleben resultieren. Das ist ein wichtiger und schöpfungsmäßiger Teil unserer Person, der viel zu wenig beachtet wird und dessen geistliche Bedeutung gänzlich unterbewertet ist.

In unserer Vorstellungswelt werden die Abbilder von gemachten Erfahrungen, Wissen, Erinnerungsinhalten, Zielen und Bedürfnissen verbunden mit Stimmungen, Gefühlen und Affekten. Daraus ergibt sich ein konstanter Strom von Bildern und Emotionen, die parallel zu allen Umständen und Einsichten in uns ablaufen und die den Hauptanteil für Genuss und Leid unseres alltäglichen Erlebens darstellen.

Diese Ebene der Vorstellung ist aber nicht völlig unabhängig von anderen Außen- und Innenbedingungen tätig. Es gibt vielmehr eine strikte Abhängigkeit der Bilder und Stimmungen der hinter diesen liegenden Gedanken. Bei genauerem Hinsehen können wir wahrnehmen, dass eine mit irgendeinem Effekt verbundene Vorstellung niemals von sich aus entsteht. In jedem Fall ist ihr zeitlich und inhaltlich immer ein bestimmter Gedanke vorgelagert, der aus den Sinneswahrnehmungen, aus der Erinnerung oder anderen Begegnungen, Erlebnissen und Überzeugungen resultiert.

Eindeutig bestimmen unsere Gedanken die Art und Ausrichtung unserer Vorstellungen und Gefühle. Bei genauerer Untersuchung kann man in jedem Fall feststellen, weswegen man von einem Gefühl, sei es Trauer oder Schmerz, Verzweiflung oder Freude heimgesucht oder überfallen wird. Immer wird man vorher einen dazugehörigen gedanklichen Impuls nachweisen können, der dann zur Auslösung von bestimmten Vorstellungen, Bildern und Affekten beigetragen hat.

Wir müssen uns das so vorstellen, dass sich unterhalb einer Ebene von Vorstellungen und Phantasieinhalten eine zweite Ebene von Gedanken befindet. Immer dann, wenn diese aus Fakten, Erinnerungen, Wissen und bewussten Zielen aktiviert wird, sendet sie Impulse zu der darüber liegenden Vorstellungsebene.

Das bedeutet, dass wir keinen direkten Einfluss auf die Vorstellungen, Bilder und die mit ihnen verknüpften Emotionen haben, sondern nur über die willkürliche Einflussnahme auf unsere Gedankenebene, aber so in jedem Fall.

Ist es nun vorstellbar, dass das Wort Gottes zu diesen vom Schöpfer selbst geschaffenen Strukturen und Gesetzmäßigkeiten nichts zu sagen weiß? Das würde ja bedeuten, dass die Erlösung vor unserer Phantasie Halt gemacht hat. Aber dann wäre sie nur eine rudimentäre Erlösung, weil wir überwiegend in und mit unserer Vorstellungswelt leben.

Das kann natürlich nicht der Fall sein. Vielmehr legt uns das Wort Gottes eine ausgearbeitete Lehre vom Menschen vor (Anthropologie), in der auch unserer Phantasie ein gebührender Platz zugewiesen ist. Das Wort Gottes redet viel davon, dass unser innerer Mensch sehen soll. Das betrifft zunächst einmal unsere Phantasie und erst in zweiter Linie geistliche Bilder in engerem Sinne, wie Träume und Visionen.

Das Wort sagt es uns ferner, und der Heilige Geist erinnert und ermahnt uns daran, dass wir unser Herz mit den richtigen Gedanken und Wahrheiten füllen sollen. Wenn das geschehen ist, dann lässt der Heilige Geist positive, aufbauende, produktive und erfreuliche Affekte und Bilder in uns entstehen, die uns zum

Genuss und zur Lebensfreude dienen sollen. Wenn wir uns allerdings dem Drängen des Heiligen Geistes entziehen und alle möglichen Gedanken zulassen, indem wir uns den verschiedensten Szenarien und Erinnerungen oder verkehrten Wünschen hingeben, dann werden wir konsequenter Weise geflutet werden von Unlust erzeugenden Vorstellungen und Affekten wie Angst, Verdammnisgefühl, Einsamkeit, Unruhe, Panik, Trauer und Schmerz.

Auch wenn es darum geht, neue sichtbare Fakten aus göttlichen Impulsen, die unsere Gedanken geworden sind, zu schaffen, ist die Indienststellung unserer Phantasie unerlässlich. Wir sollten unsere Vorstellungswelt nicht dem Feind und auch nicht unserer chaotisch reagierenden Seele überlassen. Es ist unsere Verantwortung, dafür Sorge zu tragen, dass geordnete Verhältnisse in der Gedankenebene und daraus resultierend auch in der Phantasieebene herrschen.

Die Zusammensetzung der Phantasiebilder und Vorstellungsinhalte ist variabel. Im Großen und Ganzen dürfte es auf die unten aufgeführten 10 Sektoren hinauslaufen, wobei die Größe dieser einzelnen Segmente höchst unterschiedlich sein kann und auch ihre negative oder positive Bewertung.

Aus den dargestellten Beispielen wird ersichtlich, dass die innere individuelle Erlebnisqualität je nach Art und Umfang der Phantasie-Inhalte wirklich sehr unterschiedlich sein kann. Je nach dem, welche Gedanken und anschließenden Bilder und Affekte wir zulassen, kann unser Leben eine einzige Qual sein oder von einer Mischung aus guten und bösen Phantasie- und Erlebnisinhalten oder ganz überwiegend von göttlichen Kräften und Qualitäten bestimmt sein.

Diese beiden Ebenen werden in der Heiligen Schrift an vielen Stellen mit unterschiedlichen Worten und Beschreibungen erwähnt. Der Vorgang, wie aus negativen Fakten und Absichten negative Bilder und Stimmungen entstehen, wird wohl, wenn auch nicht so häufig, beschrieben (siehe 1. Mose 4, 6-7). Aber die Notwendigkeit, aus positiven Fakten und Zielen bestimmte Bilder und Vorstellungen abzuleiten, ist in der Heiligen Schrift in erstaunlicher Breite beschrieben. Dazu gehören die bereits genannte Lehre über den Heiligen Geist, der uns sehen und träumen lässt und die vielfältigen Beispiele mit der unterlegten Lehre über das Sehen der großen Männer und Frauen Gottes in der Schrift, vor allem der Patriarchen wie Abraham, Jakob und Josef.

Bevor wir etwas tun oder schaffen sollen, wird von uns erwartet, dass wir das innerlich sehen, was wir erreichen oder gestalten wollen. Dieses Prinzip ist von so außerordentlicher Bedeutung, dass es die Matrix wurde, aus der heraus Gott selbst schöpferisch tätig wurde. So heißt es von Gott in Römer 4, 17, dass Abraham Gott glaubte, „der die Toten lebendig macht und das Nichtseiende ruft, wie wenn es da wäre“. Auch Gott sieht also das, was er zu schaffen beabsichtigt, zuvor mit seinen inneren Augen.

Wollen wir vermehrt Gottes Eingreifen und seine Wunder sehen, müssen wir lernen, diese in unserer geheiligten Phantasie zu sehen, bevor sie für unsere eigenen Augen oder für andere Menschen sichtbar werden. Diese Qualität ist in der westlichen Welt denkbar unterentwickelt. Wir haben uns an dieser Stelle einer derartigen Ignoranz schuldig gemacht, dass wir Menschen, die mit einer erweckten Phantasie in die unsichtbare Welt sehen, verdächtigen aus okkulten oder esoterischen Quellen zu leben. Das kann in manchem Einzelfall durchaus sein, aber nur deswegen, weil wir dieses Feld aufgegeben haben. Es ist außerordentlich schwer, an der Phantasie vorbei unsichtbare Heilsfakten zu sichtbaren und erfahrbaren Erlebnissen und Wundern werden zu lassen.

Es ist nützlich, sich einen ungefähren Überblick über die Art der gängigsten Phantasieinhalte zu verschaffen, damit man eine Vorstellung bekommt, was alles in uns abläuft und welche Wertigkeit den einzelnen Bildern und Vorstellungen zukommt. Sicher kann man diese Auflistung und Einteilung auch gänzlich anders vornehmen, wichtig ist nur, dass wir die wichtigsten positiven und negativen Bilder und Affekte in Bezug auf unsere Alltagsrealitäten, wie sie uns ständig beschäftigen, benennen.

Phantasieinhalte:

1. Wünsche, Träume, Triebe, Zwänge
2. Sorgen, Ängste, Bedrohungs- und Bedrängungsgefühle
3. Phantasien der eigenen Stärke und Überlegenheit (Größenideen)
4. Flucht- und Ausweich-Träume, Selbsterlösungsphantasien
5. Alltagsphantasien von angenehmen, neutralen oder dezent beklemmenden Inhalten (z. B. Pflichtgefühle, Aufgabenstellungen, Phantasiebegleitung von alltäglichen Obliegenheiten)
6. Weltanschauungsszenarien (Weltuntergang, UFO, Islamismus-Thematik, Millenium-Ängste, Atomkrieg, Globalisierungsgefahr, Klimakatastrophe usw.)
7. kreative Bilder, innovative Lösungen und dergleichen
8. Bestätigungserfahrungen, Liebesgefühle, Wohlergehen und Freude mit inneren Anschauungen nach entsprechenden positiven Lebensumständen
9. grundlegende Heilserfahrung mit Heilsgewissheit, Geborgenheit durch Kindschaft Gottes, Wiederkehr Jesu und dergleichen
10. aktuelle und regelmäßige Hilfeerfahrungen Gottes und seiner Güte in Alltagsherausforderungen mit den dazugehörigen Bildern und Affekten

Die beiden Tortendiagramme, die sich im ersten Fall auf einen normalen Zeitgenossen beziehen, der sein Leben noch nicht Jesus übereignet hat, und das Tortendiagramm des durchschnittlich lebenden wiedergeborenen Christen weisen keine dramatischen Unterschiede auf. Sicher wird im Durchschnitt ein ehrlicher Christ, der seinem Herrn nach bestem Wissen und Gewissen folgt, an manchen Stellen in seinem Vorstellungserleben besser ausgestattet sein, weil er

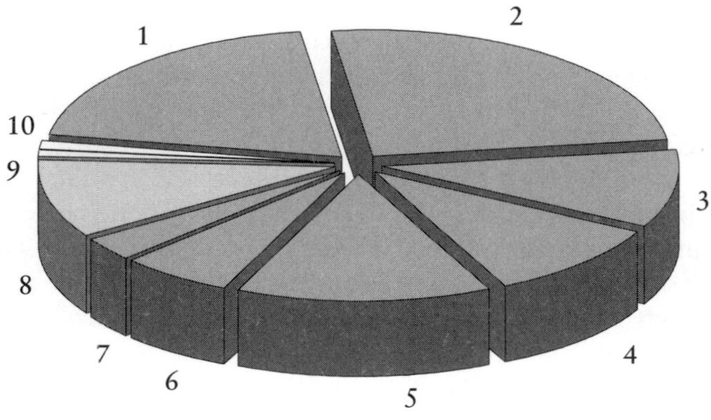

Vorstellungswelt
eines
Nichtchristen

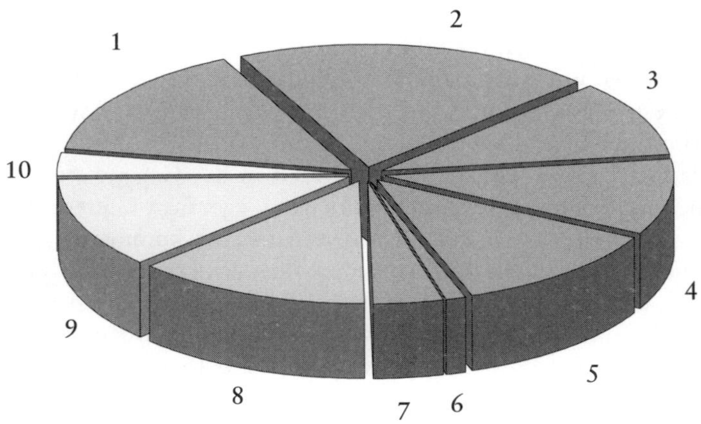

Vorstellungswelt
eines
wiedergeborenen
Christen

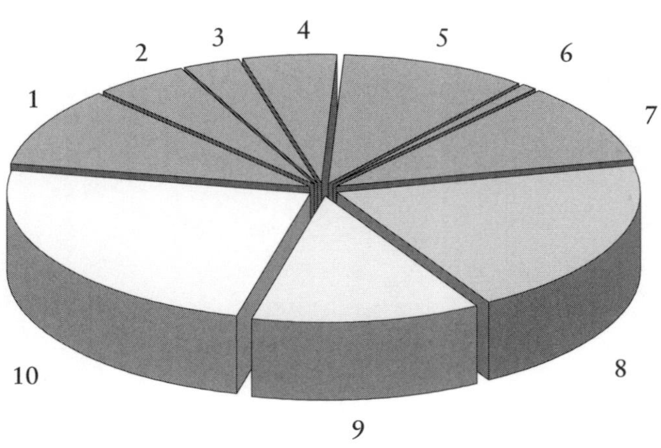

Vorstellungswelt
eines Christen
voll von
Wahrheit

über Grundlagen verfügt, die der Nichtchrist nicht hat. Aber erst wenn wir auf der Ebene der Wahrheit so leben, dass wir mit großer Bewusstheit göttliche Gedanken und Lehren annehmen und Menschen sind, die aus der Wahrheit leben (1. Johannes 3, 19), dann wird der Unterschied ersichtlich. Paulus sagt uns im Epheserbrief buchstäblich, dass die unterste Schicht unserer geistlichen Waffenrüstung, gleichsam unsere geistliche Unterwäsche, die Wahrheit ist: *„So stehet nun, eure Lenden umgürtet mit Wahrheit, bekleidet mit dem Brustpanzer der Gerechtigkeit“* (Epheser 6, 14). Wenn wir hier warm angezogen sind, wird das für unser gesamtes Ergehen komfortabel sein. Die Waffenrüstung, die weitgehend eine Verteidigungsrüstung ist und aus Glaube, Freude, Liebe und Hoffnung besteht, wird dann richtig sitzen und funktionieren, und wir werden unverwundet in guten wie auch in bösen Tagen (in Kampftagen) leben und Gottes Taten tun können.

Die Visualisierungen in Gestalt dieser Diagramme sollen uns helfen, einen Eindruck davon zu bekommen, wie sehr unser subjektives Wohlbefinden, das sich weitgehend aus Bildern und Affekten unserer Phantasieebene zusammensetzt, von dem aktuellen Gehorsam gegenüber Gottes Wort und dem Leben mit dem Heiligen Geist bestimmt ist. Wenn wir die biblischen Angebote an Heil, Erlösung und Wahrheiten voll erfassen und als gedankliche Wirklichkeit unserem Herzen zuführen, ist dies die beste Gewähr dafür, dass sich mit einer gewissen Zwangsläufigkeit Gefühle, Stimmungen und Vorstellungen positiv entwickeln.

Die Freude am Herrn, der Friede Gottes, Geborgenheit in der Gegenwart des Heiligen Geistes, Leben im Schutz der wahrgenommenen Gegenwart Gottes und alle weiteren Segnungen unserer Seele und in unserem Herzen kommen nicht zufällig oder willkürlich zustande. Sie folgen immer dem Programm und der Schöpfungsidee Gottes, dass wir uns von Wahrheiten Gottes leiten lassen und diese in Gestalt von Gedanken mit göttlichen Inhalten in uns aufnehmen sollen. Weise ist, der diese einfachen Zusammenhänge erkennt und befolgt. Sie werden ihm viel Segen und Lebensgenuss verschaffen.

Kapitel 16
Gott sehen

Im Anbetracht der eindeutigen biblischen Warnungen, dass niemand Gott sehen kann und begehren sollte, ihn zu sehen, weil er seinen unbeschreiblichen Glanz, die gewaltige Herrlichkeit voller Licht und Reinheit nicht überleben würde und auch im Hinblick darauf, dass es uns im Alten Testament verboten ist, Gottes Person und Aussehen bildlich darstellen zu wollen, ist die Überschrift dieses Kapitels reichlich provokativ.

Wenn wir uns aber auf der anderen Seite vergegenwärtigen, in welcher Fülle von Erwähnungen und Bespielen Gottes Wort beschreibt, wie Menschen, besonders häufig die Psalmisten, Gottes Gegenwart, seinen Beistand, seine Art und sein Auftreten gesehen und erlebt haben, dann muss deutlich werden, dass das Erleben Gottes in unserer Vorstellungswelt kein Akt von Sünde und Rebellion sein kann. Vielmehr soll es uns offensichtlich zur größten Hilfe und Veranschaulichung seiner Nähe und seines Schutzes dienen. Wenn der Heilige Geist solche bildhaften Vorstellungen in uns erweckt, dann kann das nicht verkehrt und unzulässig sein, denn in diesen Erfahrungen ist nichts von Bemächtigungstendenzen enthalten, die sonst vielleicht das Ziel der bildlichen Darstellung Gottes sein könnten, und sie stellen auch mitnichten eine frevelhafte Absicht dar, in sündhafter und unheiliger Haltung in die Gegenwart Gottes vorzudringen.

Wenn es also Gottes feste Absicht ist, uns durch die Wirksamkeit des Heiligen Geistes mit inneren Bildern und Vorstellungen dessen, was er vor hat, zu bereichern, ist es nur folgerichtig und angemessen, dass das auch den einbezieht, von dem alle Hilfe und jeder Segen kommt.

Und in der Tat, die Schrift ist voll von solchen Beispielen der Beschreibung Gottes und seiner Handlungen und Vorkehrungen in der unsichtbaren Welt. Das geschieht in einem solchen Umfang, dass man nur staunend vor diesem Befund stehen kann und sich fragt, weswegen man das vorher so nicht gesehen hat. Die Psalm-Beter sprechen in mannigfaltiger Beschreibung von Gottes Schutz, seinem Frieden, seinem Glück, der Geborgenheit in ihm und anderen Vorkehrungen, die er getroffen hat, um uns ein Leben in Ruhe und Frieden sichtbar nahe zu bringen und so leichter im Glauben ergreifen zu lassen.

Die dabei gebrauchten Bilder und Darstellungen sind unter anderem folgende: Gott wird beschrieben als unsere Zuflucht, unser Schirm, unser Schild, unsere Burg, die Burg unseres Heils, unsere Festung, unser Turm, unser Berg, der Tempel, den wir sehen, in dem wir uns bewegen und dessen Gottesdienste wir genießen, unser Hort, unsere Sonne, die Hütte, in der wir uns bergen in böser Zeit, das Zelt unseres Schutzes, der Schutzbereich unter seinen Flügeln und Fittichen.

Wir werden aufgefordert, sein Antlitz zu suchen, sein Angesicht als Wohltat zu erleben, den Herrn allezeit vor Augen zu haben, ihn zu unserer Rechten zu erleben und vor ihm Freude in Fülle und an seiner Seite ewiglich Wonne zu erfahren, ihn wahrzunehmen, wie er auf dem Cherub uns zur Hilfe daherfliegt, zu sehen, wie der Herr wie ein Schlafender erwacht und wie ein Starker seine Feinde schlägt, und dass Gnade und Treue vor seinem Thron einhergehen und wir im Lichte seines Angesichtes wandeln sollen und viele ähnliche Aussagen mehr.

Eine überschlägige Zählung der bildhaften Darstellungen Gottes kommt zu dem Ergebnis, dass es zwischen drei- und vierhundert solcher Bilder und Beschreibungen alleine in den Psalmen gibt. Hier einige Beispiele:

Psalm 91
1 Wer im Schutz des Höchsten wohnt, bleibt im Schatten des Allmächtigen. 2 Ich sage zum Herrn: Meine Zuflucht und meine Burg, mein Gott, ich vertraue auf ihn!

Psalm 91
4 Mit seinen Schwingen deckt der dich, und du findest Zuflucht unter seinen Flügeln. Schild und Schutzwehr ist seine Treue.

Psalm 91
9 Denn du hast gesagt: „Der Herr ist meine Zuflucht!“, du hast den Höchsten zu deiner Wohnung gesetzt, 10 so begegnet dir kein Unglück, und keine Plage naht deinem Zelt.

Psalm 31
20 Wie groß ist deine Güte, die du bereithältst denen, die dich fürchten, die du denen erweist, die sich bei dir bergen vor den Menschen. 21 Du verbirgst sie im Schutz deines Angesichts vor den Verschwörungen der Menschen; du birgst sie in einer Hütte vor dem Gezänk der Zungen.

Psalm 64
11 Der Gerechte wird sich am Herrn freuen und sich bei ihm bergen und alle von Herzen Aufrichtigen werden sich rühmen.

Nehemia 8
10 Und er sagte weiter zu ihnen: Geht hin, esst fette Speisen und trinkt süße Getränke und sendet dem Anteile, für den nichts zubreitet ist! Denn der Tag ist unserm Herrn heilig. Und seid nicht bekümmert, denn die Freude am Herrn, sie ist euer Schutz (Festung)!

Psalm 89
15 Gerechtigkeit und Recht sind deines Thrones Grundfeste. Gnade und Treue gehen vor deinem Angesicht her. 16 Glücklich ist das Volk, das den Jubelruf kennt! Herr, im Licht deines Angesichts wandeln sie. 17 In

deinem Namen freuen sie sich täglich, und durch deine Gerechtigkeit werden sie erhöht.

Psalm 2
12 Küsst den Sohn, dass er nicht zürne und ihr umkommt auf dem Weg, denn leicht entbrennt sein Zorn. Glücklich alle, die sich bei ihm bergen!

Psalm 27
5 Denn er wird mich bergen in seiner Hütte am Tag des Unheils, er wird mich verbergen im Versteck seines Zeltes; auf einen Felsen wird er mich heben.

Psalm 57
2 Sei mir gnädig, oh Gott, sei mir gnädig! Denn bei dir birgt sich meine Seele. Im Schatten deiner Flügel berge ich mich, bis vorüber gezogen das Verderben.

Der Befund an bildhaften Beschreibungen des Wirkens Gottes ist also nicht nur überwältigend reichhaltig, in ihm steckt offensichtlich auch eine Aufforderung an uns. Wenn David und andere Beter und Kämpfer in den Psalmen es für notwendig und für das Überleben sogar als unerlässlich angesehen haben, in ihren Gebeten diese Anschauung von Gottes Gegenwart und Hilfe zu erleben und wenn wir davon ausgehen, dass die Psalmen gleichsam das Neue Testament im Alten Testament darstellen, wie können wir dann auf diese Hilfe verzichten? Wir können es eben nicht! Gottes Geist weiß, dass wir Jesus nicht durch Gedanken und Prinzipien überzeugend nachfolgen können. Deswegen ist einer seiner Hauptbeiträge zu unserem Überwindungsleben der, dass er in uns die göttlichen Bilder und zugehörigen Affekte von Geborgenheit, Freude und Frieden bereitstellen will. Wir sind eben keine Prinzipienreiter und erst recht keine Ideologen und können auf der Höhe derartiger Techniken auch nicht die Herausforderung des Alltages überwinden, um damit ein Beispiel von Erfolg, Freude und Ausstrahlung für andere zu werden.

Was uns die sogenannte Waffenrüstung nach Epheser 6 schon längst lehrte, dass nämlich die Verteidigungswaffen wichtiger sind als die Offensivwaffen oder zumindest die Voraussetzung dafür darstellen, um nachher unbeschadet offensiv werden zu können, das sagt uns auch die besondere Natur der meisten in den Psalmen gegebenen Veranschaulichungen Gottes und seiner Hilfe: Wir brauchen Schutz!

Wir brauchen einen vielfältigen Schutz, um heil und in hoher Lebensqualität durchs Leben zu kommen und Auswirkungen auf andere haben zu können. Dementsprechend beschreibt uns das Wort, dass der Herr nicht nur für die groben Schutzmaßnahmen sorgt, indem er unsere Festung, unsere Burg, der Berg unseres Heils, unser Felsen und unser Zufluchtsort ist. Er redet auch davon, dass wir verborgen sein sollen in dem kuscheligen Gefieder seiner Flügel (sicher wieder ein bildhafter Hinweis auf den Heiligen Geist), dass wir sein Angesicht erfahren und genießen und dabei aufatmen sowie Freude und Lust erfahren sollen, und dass wir in seinem Tempel und in seiner Hütte die Geborgenheit seiner Gegenwart und die Freude an seiner Wirksamkeit erfahren sollen. Wir sollen auch geschützt und aufgebaut werden, indem wir auf sein einzigartiges Angesicht voller Frieden, Bejahung, Liebe und Sanftmut schauen und uns von seinen Augen bestimmen, leiten und trösten lassen.

Ich bin davon überzeugt, dass hinter diesen Bildern echte Wirklichkeiten aus der unsichtbaren Welt stehen, die in unsere Erlebnisweise in der diesseitigen Welt auf wohltuende Weise hineinreichen sollen. Dies geschieht eben unter Vermittlung unserer geheiligten und von Gottes Geist ausgefüllten Phantasie. Und mir scheint, wir haben das alle unbedingt nötig. Die Wahrheit allein – und dieses Buch ist ein Loblied auf die Notwendigkeit und Wichtigkeit der Wahrheit – bringt einfach nicht jene Farbe, Bewegung und Stimmung in unser Leben, die wir nicht nur brauchen, sondern die wesensmäßig mit göttlichen Qualitäten und seiner Wahrheit verbunden sind. Wer darauf verzichtet, wird ein dürres, kümmerliches und blutleeres Gerippe von Nachfolger und ein Zerrbild der Herrlichkeit Gottes, die uns doch kennzeichnen soll. Wir werden dann vielleicht manche göttlichen und moralischen Normen und Richtigkeiten kennen, aber sie sind doch nicht ein Teil unseres Wesens. So werden wir gewiss niemanden für unseren Herrn und sein Evangelium begeistern können. Vielleicht sind wir dann sogar eher eine Abschreckung.

Aus diesem biblischen Befund entnehme ich die Gewissheit, dass Gott unser Leben bei allen Herausforderungen von irdischen Begrenzungen und Leid lustvoll und freudenreich gestalten will. Ein Teil des Paradieses soll in uns sein. Wenn es schon nicht auf dieser Erde etabliert werden kann, dann doch zumindest in unserem Herzen. Und das ist allen Fleiß wert, damit wir diese Erfahrungsqualität unbedingt erleben.

Wenn uns also schon im Alten Testament, und das nicht nur in den Psalmen, sondern auch an vielen anderen Stellen wie bei den Propheten, so viele Hinweise auf ein erfülltes Leben mit dem Herrn voll Geborgenheit, Schutz und Freude gegeben werden, wie steht es mit dem Neuen Testament, das uns ja als frohe, das meint froh machende Botschaft, gegenüber tritt? Sollten alle diese Beispiele und Anschauungen, wie wir mit Gott leben sollen, nur im Alten Bund gelten und im Neuen gäbe es nur Lehre und Wahrheiten?

Mitnichten, auch hier können wir den Nachweis führen, dass wir ohne erfahrene innere Anschauung der Gegenwart Gottes nicht leben können und sollen. Und doch ist der Befund hier nicht so reichhaltig, was aber nicht überraschen dürfte, weil das Neue Testament die Psalmen, in denen die meisten Beispiele gegeben sind, gleichsam in sich einbezogen hat. Dazu hatten wir ja bereits zur Kenntnis genommen, dass der Heilige Geist mit Beginn seiner Tätigkeit das Sehen und Träumen in den Gläubigen ausgelöst hat.

So bekennt sich Kolosser 3, 3 eindeutig zu dieser Lebensform:

Kolosser 3
3 Denn ihr seid gestorben, und euer Leben ist verborgen mit dem Christus in Gott.

Wir sind mit Christus gemeinsam in Gott verborgen, was meint, dass wir regelrecht in Gottes Gegenwart versteckt werden und insofern für den Feind nicht erkennbar sind. Das ist ein höchst interessanter Gedanke, dessen theologische und praktische Bedeutung wir erfassen müssen, damit er wirksam werden kann. Der Gegenspieler Gottes, der Teufel, ist so stolz und so böse, dass er von Gott selbst und seinen Werten wie Gnade, Wahrheit, Licht, Demut so geblendet wird, so dass er dabei nichts wahrnehmen kann, was in Gott ist oder mit ihm verbunden ist. Und das ist unser Schutz! Wenn wir uns wirklich gemeinsam mit Christus in einer Haltung von Demut, Versöhnlichkeit und Heiligkeit in Gott bergen, sind wir für den Feind nicht auszumachen.

Aber nicht nur Gott selbst, sondern auch der Ausfluss seines Wesens, seine Liebe, seine Hoffnung, sein Heil und der daraus resultierende Glaube sind unser Schutz, was folgende Schriftstellen ausweisen.

1. Thessalonicher 5
8 Wir aber, die dem Tag gehören, wollen nüchtern sein, angetan mit dem Brustpanzer des Glaubens und der Liebe und als Helm mit der Hoffnung des Heils.

Epheser 6
13 Deshalb ergreift die ganze Waffenrüstung Gottes, damit ihr an dem bösen Tag widerstehen und, wenn ihr alles ausgerichtet habt, stehen
könnt. 14 So steht nun, eure Lenden umgürtet mit Wahrheit, angetan mit
dem Brustpanzer der Gerechtigkeit 15 und beschuht an den Füßen mit der
Bereitschaft (zur Verkündigung) des Evangeliums des Friedens. 16 Bei
alledem ergreift den Schild des Glaubens, mit dem ihr alle feurigen Pfeile
des Bösen auslöschen könnt. 17 Nehmt auch den Helm des Heils und das
Schwert des Geistes, das ist Gottes Wort.

Die angesprochenen Wahrheiten entfalten erst dann ihre wirkliche Kraft in uns, wenn wir sie mit unserer Vorstellung erfasst und verbunden haben. Beispielsweise ist es wichtig zu wissen, dass unser Kopf, das heißt, unser Denken, Folgern und Fühlen durch Hoffnung, die nach Hebräer 6, 19 eine seelische Qualität ist, geschützt ist.

In Epheser 2,14 wird uns gesagt, dass Jesus selbst unser Frieden ist und Philipper 4, 4 ermahnt uns, dass wir uns in dem Herrn freuen sollen. Also Jesus selbst will der Anstoß für alle entscheidenden Regungen wie Frieden, Freude, Schutz und dergleichen in uns sein.

Damit gelangen wir zum Kern neutestamentlicher Fortführung dieser Thematik. Sind im Alten Bund Schutz und Versorgung durch Gott überwiegend durch mannigfaltige Bilder ausgedrückt, so beschreibt das Neue Testament diese Lebensweise durch den schlichten Sachverhalt, dass wir in Christus sind. Sind wir in ihm, dann ist er auch um uns. Das heißt, zwischen uns und der Welt steht unsichtbar, aber geistlich völlig real, unser Herr. Wir sind nicht nur von ihm umgeben, er ist auch in uns. Er wohnt in unseren Herzen und wir sind in ihm, das heißt, in der Liebe eingewurzelt und gegründet (siehe Epheser 3, 17). Sind wir in ihm, dann sind wir wirklich geschützt. Sind wir in ihm, dann werden auch seine Verheißungen, die uns ein umfassend gesegnetes und gesichertes Leben zusagen, in jedem Fall wirksam (siehe 2. Korinther 1, 10). In ihm sind wir gesalbt, in ihm sind unsere Herzen versiegelt und in ihm haben wir die Anzahlung unseres Heils in Gestalt des uns gegebenen Heiligen Geistes (siehe 2. Korinther 1, 21-22).

Was uns das Neue Testament über das in Christus-Sein beschreibt, geht allerdings weit über das hinaus, was uns in diesem Zusammenhang interessiert. In Christus sein heißt jedoch tatsächlich, dass wir durch ihn einen völligen Schutz haben, dass wir in einer intensiven Beziehung und engstem Kontakt zu ihm stehen, indem er mit seinen Worten in uns ist und durch ihn auch der Vater in uns ist (siehe Johannes 17, 21 und Johannes 14, 20 u. 23). So sehr wir die ganze Breite der In-Christus-Erfahrung suchen sollen, so sollen wir darüber nicht vergessen, den unmittelbaren Schutz, die Faszination seiner Gegenwart und die Freude, die von ihm ausgeht, wenn er in uns ist, zu suchen.

Ganz sicher wird es keinen Gegensatz zwischen dem im Alten Testament stärker zum Ausdruck kommenden Bildern und der In-Christus-Erfahrung des Neuen Testamentes geben. Alle speziellen Veranschaulichungen der Gegenwart und der Hilfe Gottes, wie sie die Psalmisten sahen und erlebten, haben selbstverständlich auch ihren Platz in unserem Zusammensein mit Christus und dem Vater. Die Botschaft der Bibel ist berückend schön: Es gibt ein festes Fundament von Wahrheit und Gnade für das neue Leben mit Jesus, aber auf diesem gegründet befindet sich ein Haus: unser Innenleben mit Herz, Seele und Phantasie, in welchem wir die Gegenwart Gottes beglückend erleben und dadurch auch für andere erkennbar machen sollen, wenn diese gleichsam durch die Fenster unserer Person in uns hineinschauen, um dann in uns die Realität dieses erlösten Lebens wahrzunehmen. Und weil es auf dieser Erde kein Leben ohne Blessuren und Schmerzen, ohne Kampf und Leid gibt, ist es so wichtig, dass wir die Defensiv-Ausstattung, die wir in Christus haben, auch voll nutzen. In ihm sollen wir nicht nur Heil erleben, sondern auch geheilt sein und uns angstfrei in seiner Gegenwart und in seinem Schutz bergen.

Teil 2

Kapitel 17
Geht ein Ruck durch das Volk Gottes?

Noch eine Offenbarung?

Es ist für den Leser unbedingt wichtig, dass er ständig den roten Faden von sauberer biblischer Logik erkennen und verfolgen kann, der durch die Ausführung dieses Buches geht. Das ist insbesondere für die Einordnung und das richtige Verständnis des folgenden Kapitels unerlässlich.

Wir haben bislang wahrgenommen, wie Jesus von seinen Jüngern im Anbetracht vielfältiger Nöte eine Haltung des Verständig-Seins erwartet, die sich darin ausdrückt, dass sie wissen und sich ständig vergegenwärtigen, wie Jesus in vergleichbaren Situationen gehandelt hat. Daraus sollen sie dann die entsprechenden Konsequenzen ableiten und auch in jeweilig neuen schwierigen Situationen sein übernatürliches Eingreifen erwarten. Wenn Jesus erklärt, dass das Reich Gottes mit ihm herbeigekommen ist, erkennbar an seiner Macht über die Dämonen, die er austrieb und an den Heilungen, die er bewirkte, dann heißt das, dass es ein Reich von Wahrheit und Kraft ist, das die Werke des Feindes zerstört und das sich in dieser Weise immer wieder neu offenbaren will.

Das macht eine Eigenschaft dieses Reiches deutlich, die bis heute gilt, aber durchaus nicht von allen Theologen so gesehen wird. Das Reich Gottes ist nämlich nicht nur verborgen in uns und so etwas wie eine unsichtbare Geltungszone von Liebe, Wahrheit, Gnade und Licht, es weist auch eine Kraftkomponente auf und drängt danach, zum Wohl der Menschen und zur Demonstration des Sieges Gottes über das Reich der Finsternis durch Heilungen, Zeichen und Wundern sichtbar zu werden.

Wir haben die Ausführungen Jesu gegenüber seinen Jüngern nach verpassten Wundern untersucht und dabei erkannt, dass Jesus davon ausgeht, dass unser Herz voll von Wahrheit werden muss. Andernfalls können wir grundsätzlich nicht glauben. Das nicht von Wahrheit erfüllte Herz ist das unverständige, zu harte und damit nicht glaubensfähige Herz, in welches das Wort Gottes für die Bewältigung der nächsten Herausforderung nicht eindringen und insofern nicht Glauben entstehen lassen kann.

Diesen Zusammenhang habe ich persönlich wie eine Offenbarung erlebt. Und mit ihr ging die praktische Einsicht einher, dass Jesus heute genauso denkt. Er will die Kraft des Evangeliums und das Reich Gottes unbedingt und ununterbrochen sowohl im privaten wie auch im gemeindlichen Rahmen unter uns sichtbar machen. Ich rede also von selbstverständlichen und überall unter uns stattfindenden Begleitphänomenen des Evangeliums in Tausenden von Heilungen und Zeichen. Aber sie sind nicht da!

Wie diesem Mangelzustand Abhilfe geschaffen werden kann, das will ich nachfolgend ausführen. Ich habe diese Antwort auch in Gestalt einer Offenbarung erlebt, stärker als die erste, eine Offenbarung, die eine Steigerung von Erwartung und Sehnsucht nach Manifestationen seiner Kraft in der Gemeinde, der ich diene, ausgelöst hat.

Kapitel 18
Ein Ruck geht durch die Gemeinde

Es begann mit einer extrem verdrießlichen Situation. Die Gemeinde verfolgte ein großes Bauprojekt, das die neue Heimstätte unseres Gemeindelebens werden sollte. Wir befanden uns in den letzten vier bis fünf Monaten dieses Bauprojektes, als mir von den Verantwortlichen für Bauleitung und Baufinanzen seitens der Gemeinde eröffnet wurde, dass die Kosten des Gesamtbaus über viele hunderttausend Euro des bisher gültigen Ansatzes gehen würden. Obendrein hatte die Bank, die das Projekt begleitete und zum Teil durch ein Darlehen finanzierte, ihre einzelnen Auszahlungen drastisch reduziert.

Auf dem Höhepunkt des Druckes, der durch diesen finanziellen Engpass auf mir lastete, trug sich folgende Geschichte zu. Meine Frau hatte wenige Tage zuvor aus einem Gebetsseminar, zu dem sie sich regelmäßig mit anderen geistlichen Leitern des Landes traf, einen Satz von CDs mitgebracht, die von einem mir bis dahin unbekannten Mann handelten, der über Jahrzehnte als Ingenieur tätig war und aufgrund seiner außerordentlichen Glaubens- und Heilungserfahrungen schließlich im höheren Alter noch seinen Beruf wechselte und Pastor wurde. Sein Name ist Thurman Scrivner.

Ich hatte schon in einige CDs hineingehorcht und fand sie bemerkenswert und herausfordernd. Die Glaubenskraft dieses Mannes war außerordentlich. Derartiges hatte ich im Verlauf der letzten Jahre nicht mehr gehört. An einem bestimmten späten Nachmittag legte nun meine Frau eine besondere Botschaft dieses Mannes in MP3-Version in meine Hände und sagte mir, in einem fast befehlenden Ton, dass ich das unbedingt heute an diesem Abend zu hören hätte. Sie aber würde mit meiner Tochter ins Kino gehen. Sprach´s und verschwand!

Ich tat das wirklich, gewiss getrieben von dem Druck der finanziellen Enge, der auf uns allen und besonders auf mir lag. Thurman Scrivner hat in dieser besonderen Botschaft die Heilungsgeschichte seiner Enkeltochter berichtet, die durch einen schweren Verkehrsunfall derartig lädiert wurde, dass für sie keinerlei Hoffnung des Überlebens bestand (Diese Predigt kann man im Internet unter http://www.tlsm.org kostenlos herunterladen). Die behandelnden Ärzte in der Klinik hatten aufgrund der multiplen desaströsen Verletzungen von einer Therapie Abstand genommen. Während nun Thurman berichtete, wie er dieses Mädchen im Verlauf von Tagen, Wochen und dann Monaten durch seinen ständig eingesetzten Glauben aus allen Problemen, schwersten Verletzungen und Deformierungen herausholte, kam eine Einsicht über mich, die gleichermaßen belebend und begeisternd, wie auch demütigend war. Ich wurde innerlich von der Tatsache ergriffen, dass alles, was wir an Heilungen und an anderen dinglichen Hilfen brauchen, schon von Jesus bereit gelegt ist.

Diese Einsicht war eigentlich trivial und selbstverständlich für mich. Seit mehr als 20 Jahren habe ich in Büchern, Serien von Predigten und alljährlichen langen Bibelschulbeiträgen mit innerster Überzeugung und im Verweis auf den zwingenden biblischen Beleg immer wieder dargelegt, dass Jesus unsere Krankheit schon getragen hat. Die Schriftaussagen diesbezüglich sind beweisend. Alle Aussagen des Wortes Gottes über unsere Heilung stehen in der Vergangenheitsform. Schon vor 2000 Jahren hat Jesus unsere Krankheiten, unsere Armut, unsere Unfreiheit und alles, was uns zerstört, getragen. Dieser Befund war mir sattsam bekannt und immer wieder ein Grund für dementsprechend überzeugte und engagierte Belehrung anderer, dass sie das auch für sich beanspruchen sollten. Das Krankheitsproblem ist bereits gelöst. Jesus hat das Seine getan, er hat wirklich unsere Krankheiten und Schmerzen auf sich genommen.

Das alles wusste ich und doch, was ich in diesen Augenblicken erlebte, war, so paradox es klingt, für mich neu. Um es mit den Worten Jesu auszudrücken, ich hatte einen eindeutigen biblischen Lehrinhalt bislang mit meinem Kopf erfasst, aber offensichtlich nicht mit dem Herzen verstanden (siehe Matthäus 13). Aber so scheint es Millionen von Christen zu gehen. Es sieht danach aus, dass auch diejenigen unter uns, die diese Zusammenhänge klar erkannt haben, letztlich in ihrem privaten Leben nicht in diesen Kategorien denken und handeln.

Während ich den weiteren Ausführungen des Autors folgte, war ich innerlich total von dieser Innenerfahrung gepackt. Sie kam mir so überwältigend und so stark vor, dass ich zunächst gar nicht realisierte, dass das für mich ein Uraltbestand gesicherten Wissens war. Ich hatte mich dabei ertappt, dass ich bestimmte biblische Prinzipien bejaht habe und auch bereit gewesen wäre, für sie auf die Barrikaden zu gehen, ohne sie mir im tiefsten Herzen innerlich angeeignet zu haben. Was für eine paradoxe und bizarre Situation.

Und das ist offenbar die Situation, wie sie grundsätzlich und praktisch im Leib Jesu in unserem Kulturkreis vorliegt. Es gibt so etwas wie einen Zustand kollektiver Unwahrhaftigkeit, dass wir biblische Fakten wohl anerkennen, aber nicht die Konsequenz aus ihnen ziehen, so dass unser Denken, unser Lebensstil, unsere Art zu beten und zu glauben sich verändern und das Reich Gottes sichtbar unter uns Konturen annimmt. So entsteht eine Form praktischer Verlogenheit im Umgang mit den Verheißungen.

Aufgrund der Tatsache, dass wir durch Jesus Christus bereits mit allen geistlichen Segnungen an himmlischen Plätzen gesegnet sind (Epheser 1, 3), sind folgende Schriftstellen, die unter gegebenen Voraussetzungen Gebetserhörungen zusichern, die Kernworte und Schlüsselverheißungen, auf die wir uns gründen können und die beschreiben, wie unser Glaube aussehen soll.

Johannes 14
13 Und was ihr bitten werdet in meinem Namen, das werde ich tun.

Johannes 15
7 Wenn ihr in mir bleibt und meine Worte in euch bleiben, so werdet ihr bitten, was ihr wollt, und es wird euch geschehen.
16 Ihr habt nicht mich erwählt, sondern ich habe euch erwählt und euch

gesetzt, dass ihr hingeht und Frucht bringt und eure Frucht bleibe, damit, was ihr den Vater bitten werdet in meinem Namen, er euch gebe.

Johannes 16

23 Und an jenem Tag werde ihr mich nichts fragen. Wahrlich, wahrlich, ich sage euch: Was ihr den Vater bitten werden in meinem Namen, wird er euch geben. 24 Bis jetzt habt ihr nichts gebeten in meinem Namen. Bittet, und ihr werdet empfangen, damit eure Freude völlig sei.

1. Johannes 3

19 Hieran werden wir erkennen, dass wir aus der Wahrheit sind, und wir werden vor ihm unser Herz zur Ruhe bringen, 20 dass, wenn das Herz uns verurteilt, Gott größer ist als unser Herz und alles kennt. 21 Geliebte, wenn das Herz uns nicht verurteilt, haben wir Freimütigkeit zu Gott, 22 und was immer wir bitten, empfangen wir von ihm, weil wir seine Gebote halten und das vor ihm Wohlgefällige tun.

1. Johannes 5

14 Und dies ist die Zuversicht, die wir zu ihm haben, dass er uns hört, wenn wir etwas nach seinem Willen bitten. 15 Und wenn wir wissen, dass er uns hört, was wir auch bitten, so wissen wir, dass wir das Erbetene haben, das wir von ihm erbeten haben.

Matthäus 18

19 Wenn zwei von euch auf der Erde übereinkommen werden, irgendeine Sache zu erbitten, so wird sie ihnen werden von meinem Vater, der in den Himmeln ist. 20 Denn wo zwei oder drei versammelt sind in meinem Namen, da bin ich in ihrer Mitte.

Markus 11

22 Und Jesus antwortete und spricht zu ihnen: Habt Glauben an Gott! 23 Wahrlich, ich sage euch: Wer zu diesem Berg sagen wird: Hebe dich empor und wirf dich ins Meer! Und nicht zweifeln wird in seinem Herzen, sondern glauben, dass geschieht, was er sagt, dem wird es werden. 24 Darum sage ich euch: Alles, um was ihr auch betet und bittet, glaubt, dass ihr es empfangen habt, und es wird euch werden.

Eine saubere Herangehensweise an Gebetserhörungen, vielleicht wäre es besser zu sagen, an Glaubenserfahrungen, besteht aus folgenden Prinzipien:

1. Ich erkenne, dass für meine Bedürfnisse (Heilung, Finanzen, Bewältigung von anderen dinglichen Notsituationen) die göttlichen Hilfen bereits

bereitgestellt sind. Jesus hat sie am Kreuz für uns erworben und durch seine Auferstehung verfügbar gemacht.

2. Das Wort Gottes beschreibt genau den Umfang praktischer, irdischer Erlösung, das meint in diesem Zusammenhang nicht die Erlösung im Sinne von ewigem Heil und Befreiung von Verdammnis, Sünde und Tod, sondern das Überwinden menschlichen existenziellen Leides im Umkreis von Armut, Krankheit und Versorgung.

3. Ich setzte bei dem Bemühen, das alles in meiner eigenen Realität zu erleben, nicht bei dem Problem an, um mich dann im Glauben hochzuarbeiten oder diesen mit eigenen Willensanstrengungen aufzubauen und dabei letztlich von dem Gedanken getrieben zu sein, Gott überzeugen zu müssen. Ich setze vielmehr bei dem manifestierten Willen Gottes an, das heißt bei seiner hundertprozentigen Willigkeit, mir das jeweils nötige Hilfs- und Heilungsangebot unbedingt zukommen zu lassen.

4. Ich suche keinerlei Zusatzinformationen, die bestätigen, dass in meinem speziellen Fall die von mir benötigte Hilfe bereits vom Himmel abgeschickt wurde. Ich verzichte auch auf eine Extrazusage, dass mir die benötigte Hilfe zusteht.

5. Ich entnehme aus Johannes 16, 23-24, dass ich den Vater nicht fragen muss, ob dieses oder jenes an göttlicher Hilfe bereit steht, sondern ich gehe von vornherein davon aus, dass alle Segnungen da sind und nur genommen werden müssen.

6. Die Erfahrung der Hilfe oder Heilung kommt nicht so sehr durch Beten zustande, weil Beten in diesem thematischen Umkreis von uns eigentlich immer als ein Bitten verstanden wird, mit dem wir uns an Gott wenden, um von ihm Hilfe zu holen. Dabei gehen wir faktisch so gut wie immer davon aus, dass Gott jetzt erst einmal tätig werden muss.

   Das Wort Gottes sagt uns vielmehr, dass der Herr das Seine schon getan hat und seine Hilfen im Himmel bereit liegen. Als hier auf Erden eingesetzte Haushalter und Verwalter seines Reiches und der Erde müssen wir durch unsere Maßnahmen, und das ist eigentlich nur Glauben, die Hilfen in Anspruch nehmen, das heißt vom Himmel herunterholen und anwenden.

   An dieser Stelle wird deutlich, dass das Glaubensverständnis unter uns Christen falsch und verdreht ist. Wir haben keine Erkenntnis über die wahren biblischen Prinzipien, können deswegen daraus keine Gewissheit ableiten und haben deshalb auch keinen wirksamen Glauben. Unter diesen Bedingungen ist es schier unmöglich, echte Glaubensgewissheiten zu erlangen.

   Unser Glaube ist ein krampfhaftes Bemühen, aus einzelnen Schriftworten und Verheißungen bestimmte Gewissheiten abzuleiten, die aber doch nicht zustande kommen, weil wir die Grundlage unserer Gewissheit, nämlich den faktisch vorhandenen Segen praktisch ignorieren und missachten.

7. Diese Verdrehungen und Glaubensverhinderungen werden unterstützt durch eine unzulängliche, zumindest nicht ausreichend differenzierte Übersetzung der an diesen Stellen wichtigen biblischen Schlüsselbegriffe. Dabei handelt es sich im Wesentlichen um die Worte **Bitten** und **Empfangen**. Die durchgehende Übersetzung des griechischen Verbs *lambano* mit „Empfangen" ist durchaus fragwürdig. Die Grundbedeutung dieses Wortes geht eindeutig mehr in die aktive Form im Sinne von „Nehmen", während „Empfangen" zwar zulässig ist, aber nur dann so übersetzt werden dürfte, wenn der Textzusammenhang eindeutig nur diese Deutung zulässt. Die Grund- und Hauptbedeutung dieses Wortes geht nun einmal in die aktive bis hin zur extrem aktiven Form des Nehmens im Sinne von „Besitzergreifen" und „kriegerischer Beanspruchung". Die Konsequenz einer derartig fehlerhaften Übersetzung ist offensichtlich. Wenn wir den hier vorliegenden griechischen Begriff mit Empfangen übersetzen, setzen wir voraus, dass derjenige, von dem wir empfangen, uns zunächst in einer gesonderten Handlung ein bestimmtes Geschenk oder eine Information darüber anbietet. Dann mag dieses Geschenk vorher schon bei ihm vorhanden gewesen sein, wird aber erst durch das nachfolgende Angebot für uns verfügbar.

8. Und hier liegt der Betrug! Die Segnungen, um die es in diesem Zusammenhang geht, liegen seit 2000 Jahren vor und sind in der Schrift angeboten. Wenn wir unzulässiger Weise aus den entscheidenden Verheißungsworten lesen, dass wir diese Hilfen empfangen müssen, dann nehmen wir unausgesprochen dabei die Begleitinformation wahr, dass der Herr sie uns zunächst in einer speziellen Aufforderung und Handlung anbieten muss. Sehen wir und erleben wir eine solche Aufforderung nicht, dann fühlen wir uns nicht zum Glauben ermutigt.

   Die andere fragwürdige Übersetzung betrifft das Wort Bitten. Dieses Wort hat eine ungeheure Aussagekraft. Suggeriert es doch, dass wir uns an den Herrn wenden müssen, um von ihm etwas zu empfangen oder ihn zum Handeln aufzufordern. Und diese Unterstellung formt durchgehend in der betenden Christenheit den Inhalt unseres Bewusstseins und Denkens, wenn wir Hilfe brauchen und uns an Gott wenden. Der Bedeutungsinhalt des Wortes *bitten* erscheint uns zu offensichtlich und eindeutig als eine Aufforderung an Gott, tätig zu werden.

   Aber das an dieser Stelle im Griechischen benutzte Wort *aiteo* meint in seiner Haupt- und Grundbedeutung eindeutig etwas anderes als Bitten. Wenn es auch möglich ist, im säkularen griechischen Sprachgebrauch der Literatur zum Zeitpunkt der Entstehung des Neuen Testamentes nachzuweisen, dass *aiteo* gelegentlich bis selten diese Bedeutung von Bitten haben konnte, so ist die eigentliche Bedeutung unzweifelhaft „Haben wollen",

„Einfordern" und „Verlangen". Es scheint so zu sein, dass es den Übersetzern genauso ergangen ist wie dem durchschnittlichen Nachfolger Jesu, der bei solchen Worten in sich einen Widerstand und ein Sträuben spürt und so etwas wie einen aufmüpfigen und unangemessenen Ton in ihnen zu entdecken meint. Und doch drückt sich darin saubere biblische Theologie aus, und mehr als das, Folgerichtigkeit eines gesunden und geschlossenen biblischen Lehr- und Denksystems.

9. Weil eben alle Segnungen bereits da sind und weil sie durch das Wort Gottes von vornherein angeboten sind und weil wir Gott nicht extra um eine Zusatzinformation bitten sollen, ob diese Segnungen auch für uns gerade zur Verfügung stehen, ist es nur folgerichtig, dass wir das, was bereits angeboten ist, was zur Verfügung steht, mit Selbstverständlichkeit in Anspruch nehmen und damit Gott ehren! Das ist kein Zeichen von Dreistigkeit und Ungehörigkeit, sondern ein Beweis, dass wir verstanden haben, dass diese Segnungen wirklich bereit liegen und schon angeboten sind.

   Alle diese Einsichten und Überzeugungen entnehmen wir dem Wort, aber nicht nur in dem Sinne, dass wir Wortmenschen werden, die wissen, wo uns in der Schrift alle möglichen Verheißungen gegeben sind, sondern auch so, dass nach Johannes 15, 7 seine Worte in uns bleiben und wirken und wir selbst an ihm bleiben. Das heißt, wir hängen an ihm wie die Rebe am Weinstock. Das ist die Beschreibung der völligen Abhängigkeit von ihm im Sinne von Demut und auch mit der Einsicht, dass wir ohne ihn nichts tun können. Das gehört mit dazu! Andernfalls würden wir Glaubens- und Beanspruchungsmonster werden. Glauben kann eigentlich nur, wer demütig ist, weil nur dem Demütigen Gnade gegeben wird. Und Gnade ist das Substrat für unseren Glauben. Wir ergreifen nie Verdienste, sondern immer nur Gnaden, allerdings in vielfältigster Form.

Das sind einige der Einsichten, die mich massiv angesprochen und mein Denken und mein Gebetsleben verändert haben. Ich empfand es wie einen Ruck, der durch mein Leben ging und konnte nicht anders, als diese Erkenntnisse sofort der Ortsgemeinde, deren Pastor ich bin, vorzulegen. Sie hat diesen Ruck nachvollzogen, was dann an praktischen Auswirkungen bald erkennbar wurde. Wir waren ja, wie ich schon ausgeführt hatte, in einer ausgesprochen prekären finanziellen Situation, so dass wir unser neues Gemeindezentrum in dem letzten Stadium des Innenausbaus nicht mehr vollenden konnten.

Auf der Ebene dieser Einsichten haben wir dann erlebt, dass die Bank uns, gegen alle Wahrscheinlichkeit ohne jegliche weitere Sicherheit große Anteile des Darlehens ausgezahlt hat. Darüber hinaus legte mir der Herr eine bestimmte Idee in einer nächtlichen Begebenheit ins Herz, wie er durch die Gemeinde und durch andere die Finanzierung übernehmen will. Schließlich kam es dann so, dass die Gemeinde diesen Vorschlag, der auch weitere Opfer vorsah, gerne und willig aufgegriffen und entsprechend gehandelt hat. Auch im Privaten und in den Familien kam viel Ermutigung und Gottes Hilfe zu Stande. Allerdings brauchten wir doch eine längere Zeit, um uns von alten Glaubens- und Gebetsformen sowie -hindernissen zu lösen, unser Denken zu reinigen und auf die Höhe neutestamentlicher Offenbarung zu stellen und dadurch im Glauben zu wachsen. Es vergingen Wochen, bis die ersten Nachrichten eintrafen, dass Gott bei uns Wunder wirkte. Nach 10 Wochen erfüllte sich eine Prophetie, die wir im Rahmen dieser neuen Einstellung besonders hartnäckig im Glauben hochgehalten hatten. Uns war aus Prophetenmund ein Kyros verheißen worden. Dieser offenbarte sich zum richtigen Zeitpunkt und spendete eine Summe von 1,6 Millionen Euro, was die Finanzprobleme des Bauprojektes weitgehend löste.

Dieser Ansatz hat sich im Verlauf der nachfolgenden Zeit als außerordentlich fruchtbar erwiesen, so dass wir nach und nach bemerkten, dass auch alle anderen Segnungen, die nicht dinglicher Art sind wie Tugenden, Haltungen, Gehorsamsfähigkeit und Autorität auf demselben Wege Wirklichkeit werden können. Darüber soll in den nächsten Kapiteln noch einiges ausgeführt werden. Aber es ist schon erstaunlich, welche außerordentliche Kraft und Entspannung in dem Ansatz liegen, dass wir konsequent davon ausgehen, dass alle Segnungen, die wir brauchen, schon da sind. Es ist eben zweierlei, ob man das im Prinzip bejaht oder so stark von dieser Wahrheit ergriffen und erfüllt ist, dass sie bei allen Umständen, Erfahrungen oder Widerfahrnissen die nachweislich erste Reaktion in uns ist. Wenn böse Nachrichten kommen, schafft das ein solches Kontingent an Ermutigung, Glaubenszuversicht und Ruhe in Gott, so dass erkennbar wird, dass hier mehr als nur die kleine Korrektur einer wichtigen Wahrheit stattgefunden hat.

Weil es aber so wichtig ist, dass wir unser Verständnis an dieser Stelle schärfen und weil wir alle rückfallgefährdet sind, habe ich der Gemeinde ein Thesenpapier vorgelegt, das hier in leicht veränderter Form angefügt werden soll. Es beschreibt keineswegs die ganze Bandbreite von Lehre und Praxis des Glaubens, sondern stellt nur zwei oder drei Wahrheiten heraus, um die sich im Fall der praktischen Glaubenswirklichkeit fast alles dreht. Einige Aussagen in diesen Thesen haben wir bereits in der oben aufgeführten Liste von Korrekturen des üblichen Glaubensverständnisses gestreift.

Kapitel 19
Biblische Beispiele, die überzeugen

Die Erkenntnis über diesen praktischen Umgang mit Glauben, wie wir sie bis jetzt gewonnen haben, muss gesichert werden. Diese Form des Glaubens wird nicht unser Lebensstil werden, wenn wir nicht bis in die letzten Tiefen und Feinheiten dieses neue Verständnis von Glauben ausgelotet und erfasst haben. Diesem Zweck sollen fünf Beispiele aus den Evangelien, drei in Gestalt von beispielhaftem Handeln Jesu und zwei in der Form von Gleichnissen dienen.

In Johannes 9,1-14 und 35-39 wird uns die Geschichte eines Blindgeborenen erzählt, den Jesus von sich aus anspricht und der seinen Glauben und seine Kooperation mit dem Herrn in einer ganz praktischen Weise zum Ausdruck bringt.

Interessant und ermutigend ist schon der Anfang dieser Begebenheit, indem Jesus auf die vorwitzigen und wissenden Fragen der Jünger, wer in diesem Fall gesündigt habe, er oder seine Eltern, die Antwort gibt, dass diese Krankheit über den Weg der Heilung zur Ehre Gottes gereichen soll.

Diese Schau von Problemsituationen, wie Jesus sie uns hier bietet, ist extrem ermutigend, weil wir sie unbedingt verallgemeinern müssen. Sie gilt für all die Nöte und Schwierigkeiten, in denen wir stecken. Richtig verstanden und ausgestattet mit der Kenntnis der Hintergründe und der Vorgeschichte der Not, aber auch versehen mit der Kenntnis darüber, was Gott damit tun will, gilt für alle unsere Alltagsprobleme, dass der Herr sich durch seine Abhilfe darin verherrlichen will, und dass sie insofern so etwas wie ein Segenskatapult oder eine Abschussrampe zu größeren Durchbrüchen darstellen.

Aus der Menge der in dieser Begebenheit eingeschlossenen glaubensfördernden Hinweise und Details erscheint eine Tatsache im Zusammenhang mit dem Thema, das wir verfolgen, besonders wichtig: Der Blinde, der auf das Wort Jesu handelte, kannte den Herrn gar nicht. Für ihn war er nur der Mensch Jesus. Er wusste also auch nicht, dass die Worte Jesu eine außergewöhnliche Kraft haben und dass sie Geist und Leben sind. Er hatte offensichtlich keine besonderen Innenerfahrungen mit der Annahme des Gebotes Jesu, sich zum Teich Siloa hinzubegeben und um sich dort zu waschen, erlebt. Es gab keine besondere Aura des Elektrisiert-Sein, keine gewaltige Innenerfahrung, kein Salbungserleben, keine Strom-, Licht- oder Wärmestöße, keine Erleuchtung und keine Überführung in seinem Gewissen, keine übernatürlichen Gewissheiten und keine außerordentlichen Grenzerfahrungen. Für ihn waren das ganz normale Worte, die sogar eine gewisse Zumutung enthielten. Er wusste nichts von der Herkunft und Qualität der Worte, die er vernahm.

Aber sie wirkten, sie wirkten dennoch! Die Botschaft, die wir aus diesem Beispiel herauslesen und für unseren Neuansatz des Lebens aus Glauben nutzen sollten, ist folgende: Wir brauchen wirklich keine außerordentliche göttliche Visitation oder eine revolutionäre Durchbruchserfahrung, um auf dem Kurs des Glaubens und damit zur Erfahrung von Hilfe und Heilung zu gelangen. Seine

Worte, die uns vor zweitausend Jahren durch die Bibel gegeben wurden, reichen aus. Sie sind schon das Angebot, sie brauchen keine emotionalen Begleiterfahrungen. Wenn wir verstanden haben, dass hinter den Verheißungen der Schrift die Beschreibung schon stattgehabter und angebotener göttlicher Wohltaten steht, und wenn wir diese Verheißungen in uns aufnehmen und bebrüten und mit allem Fleiß an der Wahrheit bleiben, werden sie ihre Wirkungen freisetzen. Der Transfer von Heilung oder Segen aus dem Lager der unsichtbaren Welt an himmlischen Plätzen wird stattfinden.

Wir müssen nur lernen, alles, was wir in unserem Gebet erbitten (eigentlich fordern) im Glauben so anzugehen, dass wir es nehmen (siehe Markus 11, 24). Das ist ein Geschehen, das in aller Regel eine gewisse Vorbereitung braucht, bis wir die Zusammenhänge verstanden haben, um dann den Augenblick herbeizuführen, in dem wir wirklich nehmen. Anschließend gehen wir zu der Phase über, in der wir das Genommene festhalten, bis es sichtbar wird. Beachte die Abfolge der Zeitformen in der Schriftstelle, die eben sinngemäß zitiert wurde.

Markus 11
24 Darum sage ich euch: Alles was ihr (auch: während ihr betet) bittet (Gegenwart) glaubt nur, dass ihr es empfangen habt (Vergangenheit) und es wird euch werden (Zukunft).

Wir müssen wissen, dass wir zugepackt haben!

Auf dieser Verständnisebene ist auch das ungewöhnliche Wort zu verstehen, mit dem Jesus uns auffordert, dem Himmelreich Gewalt anzutun und zu wissen, wie er zufügt, dass die es tun, es an sich reißen (siehe Matthäus 11, 12 und Lukas 16, 16). Eigentlich können diese Worte unseres Herrn nur aus dem Gesichtswinkel der vorgelegten Lehre über Glauben verstanden werden. Die besondere und zugespitzte Aussage ist doch die: Wie ein Räuber oder Gewalttätiger nicht zunächst den Überfallenen fragt, ob er ihn berauben dürfe, sondern einfach nimmt, was ihm gefällt, so sollen wir uns mit Mut und Entschlossenheit, ja Kühnheit, ohne vorsichtiges Nachfragen, ob es erlaubt und angemessen sei, vom Herrn die Segnungen aneignen, die er uns schon vor langer Zeit grundsätzlich verfügbar gemacht hat.

Diese Haltung und Denkweise müssen wir noch lernen. Zu sehr sind wir noch von den Skrupeln geprägt, dass eine derartige Vorgehensweise unehrerbietig, aufmüpfig und ein Beweis von Arroganz und Selbstsucht sei. Dieses Werte-Paradigma, das das Denken der meisten Gläubigen beherrscht, muss abgelöst werden.

Kapitel 20
Der Raub der Heilung

Die zweite Lektion, die wir auf dem Weg des Aneignens eines neuen kühnen Lebensstils zu lernen haben, ist uns in Gestalt des Beispiels der so genannten blutflüssigen Frau gegeben, die sich in der Menschenmenge zu Jesus vorarbeitet, um sich von ihm ihre Heilung zu holen (siehe Markus 5, 25-34).

Diese Frau wird uns ganz offensichtlich durch das Wort Gottes als Beispiel vorgestellt. Das Beispielhafte an der Hartnäckigkeit dieser Frau wird auch darin deutlich, dass sie von Anfang an gegen mehrere Unbilligkeiten zu kämpfen hat: Eine menorrhargische Dauerblutung, also eine peinliche und nicht vorzeigbare Krankheit, eine riesige Menschenmenge, die sich auf dem Weg zum Haus des Synagogenvorstehers befand und eben der Sachverhalt, dass der Herr gleichsam besetzt war, weil er zugestimmt hat, zu diesem Mann zu gehen, der aufgrund seiner gesellschaftlichen Position wohl absoluten Vorrang hat.

Dennoch lässt sich diese Frau von diesen widrigen Umständen nicht beirren. Sie wusste, was sie wollte und sagte es sich: „Wenn ich nur sein Gewand anrühre, werde ich geheilt werden." Sie tat etwas, was vielen Bibelkundigen durchaus geläufig ist, dass nämlich die Heilungskraft durch Körper- oder Handkontakt übertragbar ist. Aber sie ging einen Schritt weiter und betrat insofern Neuland, als sie in einer kühnen Entscheidung, gleichsam einer geistlichen Innovation, die Heilungssalbung auch ungefragt und unerbeten vom Herrn genommen und insofern geraubt hat. Das gab es noch nie und sie wusste nicht einmal, ob das erlaubt war.

Und in der Tat, die Blutung kam daraufhin sofort zum Stillstand, was die Frau offensichtlich subjektiv an ihrem Körper spürte.

Dass sie erfolgreich eine Glaubenshandlung vollzogen hatte, von deren Redlichkeit sie tatsächlich nicht gänzlich überzeugt war, kann man ihrer Reaktion auf die Frage Jesu entnehmen: „Wer hat mich angefasst?" Jesus spürte, dass eine Kraft von ihm ausgegangen war, er merkte, dass es eine Heilungskraft war, er wusste auch, dass es ein bewusstes Berühren seiner Kleidung war, aber er wusste nicht, wer es war. Daraufhin offenbarte sich die Frau mit Furcht und Zittern, was eben ein Beweis von einem gewissen Unrechtsbewusstsein ist. Und doch hatte die Heilung stattgefunden.

Die Aussage dieser Begebenheit ist für uns von eminenter Bedeutung. Diese Frau konnte es bewirken, und wir sollen es bewirken, dass wir ungefragt zum Herrn gehen und von ihm Heilung und Hilfe holen. Wir müssen von vornherein davon ausgehen, dass seitens Jesu jede Willigkeit vorhanden ist, uns zu geben, was wir von ihm nehmen. Mit seinem Kommen auf diese Erde, mit seinem Leiden, Sterben und Auferstehen hat er schon längst ausgedrückt: Ich will helfen, ich will heilen, ich will versorgen. Und so steht es auch in seinem Wort. Das ist ein für allemal erklärt. Wir brauchen keine Zusatzinformation.

Damit wir aber ganz sicher sind, dass diese Art des Vorgehens nicht nur möglich oder erlaubt, sondern beispielhaft und tugendhaft ist, sagt der Herr zu dieser

Frau, indem er sie Tochter Abrahams nennt, also eine Tochter des Glaubens: „Dein Glaube hat dich geheilt.“ Wir würden ihm am liebsten auf Grund unserer Prägung ins Wort fallen und sagen: „Nein, Jesus, es war deine Kraft.“ Aber der Herr entscheidet diese Frage mit seiner eindeutigen Feststellung: „Dein Glaube war es.“ Und das gilt für jeden Fall, in dem wir heute auf sein Wort handeln: Seine Kraft steht schon in jedem Fall bereit. Der entscheidende, bis dahin limitierende Faktor ist unser Glaube. Mit unserem Glauben ergreifen wir die Gnade Jesu, die in Gestalt von Hilfe, Heilung, Finanzen und Segen schon bereit liegt. Nicht seine Gnade und seine Kraft ist der begrenzende Faktor, sondern unser Glaube, dem die generelle Zusage Gottes in Gestalt seiner Verheißungen Motiv genug ist, in Aktion zu treten. Unser Glaube soll etwas von dieser Qualität des direkten Zugriffes und der räuberischen Inbesitznahme zeigen. Dadurch fühlt sich Gott geehrt. Und das schafft Resultate.

Kapitel 21
Dir geschehe, wie du willst

Das Wort Jesu: „Dir geschehe, wie du glaubst“, ist uns vertraut. Aber in der Auseinandersetzung, die Jesus mit der so genannten syro-phönizischen Frau hatte (siehe Matthäus 15, 21-28 und Markus 7, 24-30) betont Jesus die Bedeutung des Willens auch für das Glaubensgeschehen. Die Frau, die mit ihrem dämonisch besetzten Kind zu Jesus kam, begehrte unbedingt die Befreiung und Heilung ihrer Tochter durch Jesus. Diese Mutter musste einige Hürden überwinden, bis sich der erwünschte Erfolg einstellte. Und das Bewältigen dieser Hürden belegte, dass sie unbedingt wollte. Interessant in diesem Zusammenhang ist, dass Jesus nicht sagte, dir geschehe, was du willst, sondern wie du willst. Dieses Wie, diese Art des Wollens, müssen wir uns näher anschauen.

Erstens: Der ganze Umfang und die Intensität ihres Wollens drücken sich darin aus, dass sie sich als wohl informiert erwies. Sie wusste sowohl, dass Jesus in diese Gegend gekommen war als auch, dass die Beschwerden und Symptome ihrer Tochter eine dämonische Verursachung hatten.

Zweitens: Sie bewies ihren Willen, indem sie mit Eifer, Ausdauer und Demut ihr Ziel verfolgte. Der Eifer war erkennbar daran, dass sie Jesus hinterher schrie, die Ausdauer darin ersichtlich, dass sie das ständig tat (im Griechischen durch das Imperfekt betont). Ihre Kenntnis war deutlich darin, dass sie Jesus als den Herrn, den Sohn Davids, also als Messias, anerkannte und ihre Demut äußerte sich darin, dass sie vor Jesus niederfiel und zu ihm rief: „Erbarme dich meiner.“

Drittens: Dieser Wille wurde aber noch weiter durch das Verhalten Jesu geprüft. Er würdigte sie zunächst keines Wortes, das heißt, er beachtete sie nicht und dementsprechend passierte nichts.

Dann erklärte er ihr, dass er nur zu den Juden gesandt sei, und dass ihr Anliegen als syro-phönizische Frau insofern nicht in sein Programm passe. Und als sie sich daraufhin noch einmal vor ihm hinwarf und sagte: „Hilf mir“, trieb Jesus die Zumutung auf die Spitze, indem er ihr klar machte, dass es nicht gut wäre, das Brot den Kindern zu nehmen und es den Hunden vorzuwerfen. Aber bei ihr hatte sich leidenschaftliches Wollen und starker Glaube mit Demut so verbunden, dass sie auf dem Höhepunkt dieser Auseinandersetzung sagte: „Und doch essen die Hunde von den Krumen der Kinder, die unter den Tisch fallen.“

Der Umstand, dass diese Frau den Vorwurf auf sich sitzen ließ, zu den Hunden zu gehören und daraus in einem einzigartigen Akt des Vertrauens zu Jesus den Satz formulierte, dass im Regelfall die Hunde doch die Reste der Speise der Kinder bekommen, also ohne Bild gesprochen, auch Anteil an der Erlösung haben, war der Durchbruch zum Herzen Jesu. Jesus, der von Anfang an ein Herz der Liebe und des Erbarmens für die Frau hatte, konnte nichts tun, bevor ihr Glaube ein bestimmtes Maß von Größe und Festigkeit ausdrückte. Und so fügte er zu dem Satz, dir geschehe, wie du willst, das Kompliment hinzu: „Oh, Frau, dein Glaube ist groß.“

So halten wir für unsere Bedürfnisse und Belange fest: So wohltuend und ermutigend es ist, dass wir für unsere Herausforderungen entspannt von dem Befund ausgehen können, dass alles, was wir brauchen schon da ist, so sehr gibt es doch immer wieder Zeiten, in denen wir mit größtem Einsatz von Wille, Energie, Leidenschaft und Ausdauer diesen Glauben gegen alle Umstände und den Augenschein von Nutzlosigkeit und Ereignislosigkeit durchsetzen müssen. Es gibt Zeiten und Beispiele, in welchen das Leben aus Glauben leicht und entspannend ist und dann auch immer wieder Situationen, die unseren Glauben aufs Äußerste herausfordern. Das Wort Gottes zeigt uns viele derartige Beispiele kühnen Glaubensmutes von tapferen Männern und Frauen, so dass wir davon ausgehen können, dass auch in unserem Leben ähnliche Herausforderungen immer wieder einmal stattfinden werden.

Kapitel 22
Kennen wir unsere Rechte?

Durch die drei betrachteten Beispiele aus dem Heilungsdienst Jesu ist schon deutlich geworden, dass unser Glaubenseinsatz durchaus häufiger mit großer Beharrlichkeit und Entschlossenheit ausgeübt werden muss. Diese Linie führt das Gleichnis von der bittenden Witwe und dem ungerechten Richter weiter (siehe Lukas 18, 1-8).

Obwohl ich glaube, dass es tatsächlich Lebensumstände gibt, in denen wir nicht gleich einen Segen vom Himmel in Empfang nehmen können, sondern erst einmal wissen müssen, was Gottes Wille ist, ist dieses Gleichnisbeispiel doch kein Beleg für das Vorhandensein der Ausnahme der sonst geltenden Regel.

Jesus verwendet ein außergewöhnliches Bild, um eine bestimmte Wahrheit herauszustellen. Er lässt Gott in Gestalt des ungerechten Richters auftreten, der unwillig ist gegenüber dem Anliegen der Frau und sich nicht um Recht und Gottesfurcht kümmert. Jesus will mit diesem fingierten Beispiel herausstellen, dass auf beiden Seiten die richtige Haltung vorhanden sein muss, damit unsere Gebete zu Ergebnissen führen. Es reicht nicht aus, dass Gott willig ist, es muss auch auf unserer Seite eine bestimmte Haltung gegeben sein. Gottes Beitrag ist klar, er wird im Kontrasterleben zu dem Beispiel des ungerechten Richters dargestellt. Wenn jener schließlich willig war, dieser Witwe zu helfen, wie viel mehr ist Gott willig zu geben, zu segnen und unsere Gebete zu erhören. Aber auf unserer Seite bedarf es des konstanten Betens ohne Ermattung und auch der Bereitschaft, einen Widerstand dabei zu überwinden. Der Widerstand ist die scheinbare Unwilligkeit des Richters, sich auf die Anliegen der Frau einzulassen.

Die Frage nun ist: Woran ist an diesem Beispiel erkennbar, dass es einen Besitzstand, einen Pool von Errettung und Hilfe von Anfang an für uns gibt? Die Antwort ist sehr klar: Vier Mal heißt es in diesem Gleichnis, dass wir Rechte haben, auf die wir pochen müssen, Rechte, die der ungerechte Richter kennt und von denen er weiß, dass wir sie haben und Rechte, die nicht nur da sind, sondern die auch wir kennen und einfordern müssen.

Ein Recht ist ein verbriefter Stand von Besitz, Würde, Befähigung und Anrecht. Die Quintessenz dieses Gleichnisses besteht darin, dass wir unsere Rechte kennen müssen, und dass wir sie mit extremer Nachdrücklichkeit, Dringlichkeit und ohne Abgleiten in Klagen und Heulen durchsetzen müssen. Das Wort erklärt, dass wir Tag und Nacht zum Vater schreien sollen. Und diese Vorgehensweise nennt Jesus Glauben. Er stellt am Ende des Gleichnisses die Frage, ob er, wenn er wiederkommt – und er ist durch den Heiligen Geist längst unter uns als Herr seiner Gemeinde – diesen Glauben auf Erden findet.

Ich erkenne in dieser Betonung der Formulierung *auf Erden* einen Hinweis auf eine Gesetzmäßigkeit, die wir als Christ unbedingt kennen sollten und die dem gesamten Umgang mit dem Thema Beten und Glauben unterlegt ist, nämlich dass wir Haushalter Gottes und insofern auf Erden zuständig sind für alle Abläufe, auch für das Eingreifen Gottes. Gott gibt uns die Materialien seiner Erlösung, diese liegen im Himmel bereit, aber wir müssen sie auf Erden im Glauben ergreifen und zur Anwendung bringen.

Dieses Beispiel will uns also veranschaulichen, dass es einen Verbund von Haltungen gibt, wie Glaube, Dringlichkeit, Flehen und Schreien, ohne dass dabei das Element von Klagsamkeit oder Anklage enthalten sein soll. Das entspricht nicht unserer üblichen Erfahrung. Wenn wir schreien, dann ist das fast immer ein Ausdruck unserer Verzweiflung, unserer Angst sowie unseres Klagens und Anklagens. Aber die Menschen, die aus Glauben leben, können flehen und zum Herrn schreien und dabei ihre Rechte anmelden, ohne in Zorn, Anklage und Verzweiflung abzugleiten.

Kapitel 23
Der Bittende empfängt

Es muss dem Herrn von größter Wichtigkeit sein, dass wir uns in angemessener Haltung und wirklich voll von Glauben an ihn wenden, weil er uns so viele Veranschaulichungen für die richtige Art zu bitten und zu glauben gibt.

Im Gleichnis vom bittenden Freund (siehe Lukas 11, 5-10) beschreibt Jesus, wie jemand von einem Freund zu mitternächtlicher Zeit Besuch bekommt und er diesem etwas zu essen vorsetzen möchte, aber darüber in Verlegenheit gerät, weil er gerade selbst nichts zu Hause hat. Darauf geht er zu seinem Freund in der Nachbarschaft – auch dieser wird Freund genannt – um von ihm drei Brote zu borgen. Dieser verweigert sich aber im Hinblick darauf, dass die Tür schon geschlossen sei, seine Kinder bei ihnen im Bett seien und er ihm doch keine Mühe machen solle.

Daraufhin die Feststellung des Herrn, die die Mitte dieses Gleichnisses und seiner Anwendung ist, dass dieser aufgesuchte Freund möglicherweise nicht aufstehen und das Gewünschte rausreichen wird, weil er sein Freund ist, sondern wegen der Unverschämtheit seines Bittens. Und im direkten Anschluss auf diese Aussage formuliert Jesus die Hauptaussage dieses Gleichnisses:

> **Lukas 11**
> 9 Und ich sage euch: Bittet, und es wird euch gegeben werden; sucht, und ihr werdet finden; klopft an, und es wird euch geöffnet werden! 10 Denn jeder Bittende empfängt, und der Suchende findet, und dem Anklopfenden wird aufgetan werden.

Jesus stellt einen Zusammenhang her zwischen dem unverschämten und drängenden Bitten und der dann geltenden Tatsache, dass jeder, der bittet, erlebt, wie ihm gegeben wird und wer sucht, der wird finden und wer anklopft, dem wird aufgetan werden.

Und dann kommt die Steigerung: *Denn jeder Bittende empfängt und jeder Suchende findet und dem Anklopfenden wird aufgetan* (alles im Indikativ, in der Feststellungsform ausgedrückt). Das alles ist aber offenbar nur unter der Voraussetzung zu erwarten, dass wir lernen, unverschämt und dringlich zu bitten. Unter dieser Voraussetzung werden uns der Empfang, das Finden und das Geöffnet-Werden zugesichert. Die sich darin ausdrückenden Gesetzmäßigkeiten sind uns schon bekannt, werden aber hier noch stärker herausgestrichen. Gott ist wirklich unser Freund und schläft noch schlummert nicht. Er ist ständig für uns bereit und ansprechbar und zu jeder Hilfe willig. Das ist der feststehende Faktor. Wollen wir nun von ihm empfangen, was wir brauchen, dann geht das offensichtlich nicht ohne ein gewisses Maß an Unverschämtheit, Direktheit und Hartnäckigkeit. Den Unterschied, den dieses Gleichnis zu allen bisher untersuchten Aussagen verdeutlicht, wollen wir nicht verwischen.

Hier liegt ohne Frage der Sachverhalt vor, dass der bedürftige Freund zunächst tatsächlich *bittet*, und dass ihm dann von seinem Freund gegeben wird. Das sieht wie die scheinbare Annahme aus, dass alles, was wir brauchen da ist und nur genommen werden muss. Aber auch schon in diesem Fall trifft es zu, dass der Segen schon vorhanden ist, aber dass er im Glauben und mit größter Nachdrücklichkeit, die an Unverschämtheit grenzt, erbeten werden muss.

Wie fügen wir diesen Aspekt in die Gesamtheit der biblischen Lehre über Glauben und Nehmen ein? Bitten und Nehmen schließen sich in letzter Konsequenz nicht gegenseitig aus. Die Normalsituation ist die, dass wir uns auf die zugesagte Versorgung in Gestalt von bereits vorliegenden Verheißungsworten verlassen und sie zur Grundlage unseres Abholens machen. Das ist die Normalsituation und unser Grundrecht. Daneben hat aber die Haltung ihre Berechtigung, dass wir in Kenntnis der vorhandenen göttlichen Schätze und Vorkehrungen Gott bitten, diese zur Verfügung zu stellen.

Die Unverschämtheit des Freundes, die sich in der bedrängenden Art des Bittens ausdrückt, macht die Bitte gleichsam zu einer Forderung, so dass wir am Ende bei derselben Schlussfolgerung ankommen: Selbst wenn wir wirklich als Bittende zu Gott kommen, soll dieses Bitten von einer derartigen Direktheit und Begehrlichkeit gekennzeichnet sein, dass es einem Fordern und Abholen gleichkommt. Insofern ist es dann einsichtig und konsequent, dass, wer bittet selbstverständlich empfängt, weil er in seiner Bitte beharrt und dem Herrn (Freund) das Erbetene abtrotzt und sich damit verschafft (nimmt).

Wir müssen den Satz für sich stehen lassen und in seiner ganzen Ungeheuerlichkeit und seinem ermutigenden Anspruch erfassen: Unter der Voraussetzung, dass wir voller Kühnheit und Entschlossenheit zu Jesus kommen, uns nicht abweisen zu lassen, sollen wir Bittende wissen, dass wir in jedem Fall erhört werden.

Kapitel 24
Thesen über Lehre und Praxis des Lebens aus Glauben

Vorbemerkung

Weil der Lebensstil des Glaubens, wenn er wirklich im biblischen Sinne praktiziert und ausgelebt werden soll, in einem derartigen Umfang der sonst üblichen Lebensweise entgegensteht, muss seine Einzigartigkeit und Andersartigkeit exakt erfasst und biblisch begründet werden. Geschieht dies nicht, gleiten wir sonst am Ende doch wieder zurück in eine halbherzige unbiblische Form, mit Gottes Wort und dem daraus resultierendem Glauben umzugehen. Selbst wenn die einzelnen Elemente der biblischen Lehre über Glauben vollkommen verstanden und bejaht werden, ist es erfahrungsgemäß doch eine Rarität, dass jemand aus Glauben lebt.

Die Verführung und Versuchung, biblische Begriffe prinzipiell zu bejahen, aber in Praxi umzudeuten und umzudrehen und so letztlich schein-geistlich und heidnisch zu leben, ist ungeheuer groß. Die nachfolgenden Thesen, die zum Teil biblische Feststellungen und zum Teil daraus resultierende Herausforderungen und Festlegungen für uns sind, sollen uns helfen, die Übernatürlichkeit des Lebens aus dem Glauben zu erfassen und in den bewussten Gegensatz zu einem verwässerten und damit wirkungslosen Glaubensbegriff zu stellen. Die folgenden Thesen sind keineswegs eine Wiederaufwärmung der klassischen Lehre der Glaubensbewegung bzw. der Wort-des-Glaubens-Bewegung, wiewohl naturgemäß viele Übereinstimmungen vorhanden sein müssen. An markanten Stellen hebt sich diese Anleitung deutlich von manchen alten Glaubensprinzipien ab, vor allem da, wo diesem mechanistische Trends innewohnten.

1. Wir können nur das in einem biblisch zulänglichen Glauben ergreifen, was Jesus am Kreuz für uns erworben hat. Das Wort Gottes definiert den Umfang dieser Hilfe exakt und ist insofern die entscheidende Informationsquelle für Art, Umfang und Tiefe der bereitliegenden göttlichen Hilfe.

2. Es gibt eine Systematik, wie wir zum Glauben und durch Glauben zur Erfahrung göttlicher Hilfe kommen. Wir müssen unterscheiden zwischen der Gesamtheit göttlicher Feststellungen und Zusagen seiner Hilfe, also der göttlichen **Wahrheit** und dem Ergreifen dieser Hilfe, das ist der **Glaube**. Zur Wahrheit gelangen wir dadurch, dass wir das Wort Gottes studieren, uns intensiv mit ihm beschäftigen und so aus dem Worte Gottes die Wahrheit herauslesen, die die Summe aller göttlichen Rettungsmaßnahmen und Absichten ist.

3. Der Heilige Geist ist die entscheidende Hilfe, die uns befähigt, aus dem Wort zur Wahrheit zu kommen, die **Wahrheit zu verstehen und zu**

wissen und vom Wissen der Wahrheit zur **Gewissheit** der Wahrheit zu gelangen.

4. Die Wahrheit, die wir verstehen und kennen und aus der Gewissheit resultiert, ist also die Voraussetzung zum Glauben.

5. Mein Denken, mein Bewusstsein, meine Ziele und Vorstellungen müssen nun auf die Höhe von Gottes Feststellungen und Verheißungen kommen, also auf der Ebene von aktivierter göttlicher Wahrheit gehalten werden.

6. Diese so erkannte Wahrheit ist nicht steril und wird mich nicht kalt lassen. Das Wissen und die Gewissheit, dass daraus Rettung und Hilfe resultieren, drängen mich, sie mir anzueignen. Das ist der Übergang zum Glauben. Das bedeutet praktisch, dass die Aussagen des Wortes (also Jesus selbst) wahr sind und mir gehören.

7. Ich gehe im Bemühen, meinen Glauben aufzubauen, nicht meinen eigenen Weg, sondern folge der biblischen Leitlinie: aus Wort zur Wahrheit und aus Wort + Wahrheit zum Glauben. Ohne Wahrheitsverständnis kein Glaubensaufbau.
   Aber die aus dem Wort Gottes resultierende Wahrheit, die der Heilige Geist uns aufgeschlossen hat, kann so stark, aktiv und dynamisch sein, dass sie selbst schon die ganze Wirkung der manifesten Hilfe freisetzt oder mich so zum Glauben sensibilisiert, dass ich regelrecht in den Glauben hineingleite.
   Johannes 8, 31: *Ihr werdet die Wahrheit erkennen und die Wahrheit wird Euch frei machen.* Von Glauben ist hier bezeichnender Weise nicht die Rede. Daraus darf man indessen keine Theologie entwickeln. Wer völlig von göttlicher Wahrheit im Hinblick auf eine Notwendigkeit erfasst ist, wird aus dieser Gewissheit heraus einfach und ganz selbstverständlich in den Glauben hinübergehen oder sich im Glauben befinden, ohne eine ausdrückliche Beschlussfassung darüber herbeizuführen.

8. Ich erkenne meinen Hauptfehler in meiner bisherigen Glaubenspraxis und hüte mich vor ihm: Ich arbeite mich ab jetzt nicht mehr selbst aus eigenem Bemühen auf einen höheren Glaubenspegel hoch, um Glaubensgefühle und Glaubensgewissheiten zu erzeugen und ständig meinen eigenen Glaubenspuls zu fühlen. Ich erkenne, dass diese Haltung gleichbedeutend mit der Unterstellung ist, dass Gott zögernd und unwillig ist und dass das auch gleichzeitig bedeutet, dass die Hilfevorkehrungen des Herrn noch gar nicht da sind. Das war bisher praktisch mein fundamentaler Fehler!
   Dabei ist bereits alles gegeben und wird durch das Wort gekennzeichnet und angeboten. Das heißt, ich brauche keine Zusatzinformation darüber, dass für meinen Fall die Hilfe jetzt da ist. Ich bekomme sie auch nicht und erwarte sie auch nicht, weil sie nicht notwendig ist. Johannes 16, 23-24 sagt, dass wir nicht den Vater um diese Information bitten sollen. Die im

Wort gegebene Beschreibung des Ausmaßes der Erlösung ist ausreichend. Wir sollen sie anerkennen, also als verbindliche Information ansehen und Gott damit ehren.

Wer die Schriftinformation über die umfassende Errettung durch das Kreuz und die Auferstehung Jesu nicht als ausreichend ansieht und Zusatzinformationen begehrt, anstatt das im Wort beschriebene Erlösungsgut anzunehmen, misstraut und missachtet Jesus und sein Wort. Mir sind die Folgen meiner faktischen Umdeutung der Worte Jesu über die jetzt schon bereitliegenden Segensauswirkungen des Kreuzes bewusst:

a. Ich stelle mich damit willkürlich gegen die Aussagen meines Herrn.

b. Durch meine Umdeutung über Zeiten und Verfügbarkeit der Segenszusagen bezeichne ich indirekt seine Worte als irrig und unwahr.

c. Ich erkühne ich, stattdessen einfach meine eigene Version anzubieten.

d. Ich missachte nicht nur ihn und sein Werk, sondern verkenne auch die darin enthaltene besondere Freundlichkeit Gottes und seiner guten Absichten, dass nämlich die benötigte Hilfe jetzt schon bereitliegt und nicht irgendwann später eintritt.

e. Der Affront geht weiter: Während das Wort betont, dass Jesus schon alles für mich getan hat und es nun meine Aufgabe ist, seine Hilfe im Glauben (mit Hilfe des Heiligen Geistes) anzunehmen, habe ich bis jetzt fälschlicherweise die Ordnung umgedreht und erklärt, dass erst Gott handeln müsse.

f. Ich frage mich, woher will ich Gewissheit und Glauben nehmen, wenn ich die wichtigste Stütze für beides demontiere, indem ich die vorliegenden Fakten verleugne und stattdessen zu erbringende Leistungen von Gott fordere?

Wie soll aus dieser Verdrehung, die eigentlich eine Lüge ist, Glauben resultieren, wenn Glaube ein Nehmen auf der Ebene von vorhandenen göttlichen Werken und unserer Vertrauensbeziehung zu ihm ist?

9. Das Bestehen auf eine erneute ausdrückliche Information über die mir jetzt mir bereitgestellte Errettungstat ist praktisch das Haupthindernis auf dem Weg zum biblischen Glauben. Es hat so gut wie immer zur Folge, dass wir es infolge dieser Ignoranz als schwer, wenn nicht gar als unmöglich empfinden, einen gesunden Glauben aufzubauen. Ein Glaube an das, was noch nicht da ist und erst durch den Glauben geschaffen werden soll, ist nicht nur unbiblisch, er ist auch unlogisch und stellt in sich eine künstliche Erschwerung, wenn nicht gar völlige Verhinderung des Glaubenslebens dar. Zu glauben heißt, das in Anspruch zu nehmen, was in der unsichtbaren Welt vorliegt. Wer darauf verzichtet, verabschiedet sich praktisch von biblischer Glaubenswirklichkeit.

10. Insofern ist besondere Vorsicht angezeigt, wenn jemand durch Gebet vom Herrn Hilfe empfangen will. Das klassische Bitt-Gebet ist nicht der Weg zur Heilung! Gebet ist gemäß unserer faktisch vorhandenen Innenbefindlichkeit beim Beten fast immer die Bitte an Gott, für uns tätig zu werden. Wer nicht ganz exakt denkt und folgerichtig glaubt, wird hier in künstliche, selbst geschaffene Probleme eintreten. Dementsprechend gibt es in der Schrift nur drei Beispiele dafür, dass im Zusammenhang mit Gebet der Glaube ausgeübt werden soll. (Dabei ist das Gebet der Rahmen, und in diesem Rahmen üben wir dann den Glauben aus.)

11. Ich beschreite den biblischen und leichteren Weg zu glauben: Ich schaue mir im Wort Gottes den Umfang des schriftgemäßen Errettungsgutes an und erwarte und erlebe, dass dabei aus Wissen erst Gewissheit und daraus Glauben in mir erwächst. Jesus ist das Wort Gottes und Jesus ist der Anfänger und Vollender unseres Glaubens. Glauben kommt aus dem Hören des Wortes Gottes (siehe Römer 10).

12. Ich lasse mich nicht von gegensinnigen Sinneseindrücken, Erfahrungen und eigenen seelischen Impulsen oder anderen weltanschaulichen Konzepten und Philosophien von meiner Sicht abbringen.

13. Dementsprechend schaue ich mit meinen physischen Augen und auch den Augen meiner Phantasie von den Bildern weg, die den Verheißungsworten entgegenstehen.

14. Ich schaue mir mit den Augen des Herzens und meiner geheilten und geheiligten Phantasie meine Gebets- und Glaubenserhörungen an, bevor sie in der Außenwelt sichtbar werden. Dabei erweist sich der Heilige Geist als mein entscheidender Helfer in dem Bemühen, sehfähig zu werden.

15. So lebe ich als Gerechter aus Glauben und gehe von Glauben in weiteren Glauben hinein (siehe Römer 1, 17).

16. Ich halte alle relevanten Wahrheits- und Glaubensinhalte in meinem Herzen als Präsentwissen fest. Ich entscheide mich, ein Mensch des Wortes zu werden. Aus der Überfülle meines Herzens rede ich so, wie ich denke und glaube (siehe Matthäus 12, 34).

17. Allerdings trifft beides für mich zu: Seine Worte bleiben in mir und ich bleibe auch in ihm (an ihm), das heißt, ich erkläre meine vollständige Abhängigkeit von ihm. Das ist mein Verständnis von Demut (siehe Johannes 15, 7).

18. Ich weiß insofern auch, was ich aus meiner natürlich fleischlichen Verfassung nicht leisten kann. Ohne ihn kann ich nichts tun. Vor allem kann ich nicht aus seelischem und religiösem Bemühen ein Mensch der Wahrheit und des Glaubens werden (siehe Johannes 15, 5)

19. Meine Charakterveränderung durch das Wort und den Geist sind Voraussetzung zur systematischen Glaubenserfahrung und Gebetserhörung (siehe Johannes 15, 16). Es gibt für mich keinen Weg zu Glaubenserfahrungen und zu Wundern ohne Heiligung und Charakterveränderung.

20. Ich will die Hand Gottes in meinem Leben in Bewegung sehen und Gottes Herrlichkeit in meinem Leben erkennen und fange deswegen heute an, über die Stationen Wort, Wahrheit, Wissen und Gewissheiten in Glaubensstärke und Glaubenserfahrungen hineinzuwachsen. Und es ist mir klar, es muss wirklich ein Prozess des Wachsens stattfinden, den ich aber von Tag zu Tag und Woche zu Woche durch das Wort fördern will.

21. Ich will in allen Anwendungsbereichen das Mittel des Glaubens einsetzen, sofern ich sehe, dass die von mir begehrte übernatürliche Hilfe durch das Kreuz Jesu bereits bereitgestellt ist.

22. Und doch werde ich anfangs Fehler machen und trotzdem unbeirrt weitergehen, das heißt, diese Fehler eingestehen, ihre Ursachen zu erkennen suchen und weiter wachsen. Ich gehe davon aus, dass durch mein Glaubenswachstum nicht das von Gott bereitgestellte Erlösungsgut selbst wächst, sondern nur die Sicherheit und die Souveränität beim Abrufen der Rettungstaten Gottes.

23. Ich will mich jeder engen, mechanistischen und gesetzlichen Form des Umgangs mit dem Wort und des Aussprechens des Wortes auf Leistungsebene widersetzen. Es bleibt dabei, in meinem Glauben und Reden (Bekennen der Verheißungen Gottes) ist keine Leistung enthalten. Mein Glauben basiert nur auf Gnade.

24. Mein Denken, mein Verstehen der Wahrheiten Gottes, meine Haltung, mein Glauben, mein Reden und meine Handlungen bzw. Unterlassungen sollten sich auf einer Ebene bewegen und von der Realität der bereitgestellten Erlösungsfakten ausgehen. Erlösung schließt gemäß dem Bedeutungsinhalt des griechischen Wortes *sozein* die Heilserfahrung des ewigen Lebens, Heilungen auf allen Ebenen, Freisetzung, Ganz-Werden und Intakt-Werden, also auch alle Errettungserfahrungen des Alltages, ein.

25. Ich achte darauf, dass Frieden und Sorgenfreiheit als direkter Ausfluss echten Glaubens meine ständigen Begleiter und auch Beweis der Echtheit und Kraft meines Glaubens sind.

26. Obwohl mir bewusst ist, dass das Begehren der Hilfe des Herrn eine unverzichtbare Voraussetzung für Glaubenserfahrungen ist, gehe ich nicht vom Mangel und der Bedürftigkeitssituation aus. Ich drücke in meinem Bitten, Gebeten und Wünschen nicht mehr den gefühlten Mangel und Angst aus, sondern setze von Anfang an auf den im Wort beschriebenen Befund der vorhandenen und verfügbaren Hilfe und Rettung und auf Gottes Willig-

keit, diese gerne und schnell zur Verfügung zu stellen. Biblischer Glaube kann nur so zustande kommen und wachsen.

27. Insofern bewege ich mich in meinem Geist, mit meinen Gedanken und Gewissheiten in der unsichtbaren Welt und bete und glaube von himmlischen Plätzen (Epheserbrief), von der Position des Thrones Gottes herab.

28. Ich mache mich nicht von Umständen abhängig, die ich im Glauben verändern will. Ich bringe auch günstigen Umständen gegenüber eine gewisse Skepsis auf und sehe in ihnen nicht gleich eine von Gott kommende Einladung, sie als von ihm gesandt und als Hinweis seiner Führung zu betrachten.
Ich **empfange** nicht im Glauben, denn das würde bedeuten, dass der Herr mir, nachdem er das fertige Angebot seiner Hilfe durch sein Wort vorgelegt hat, seine Geschenke noch einmal extra anbieten müsste. Ich **nehme** sie einfach (wie es richtigerweise in den Übersetzungen statt empfangen heißen müsste), denn das glaubende Bitten ist ein Nehmen und Abholen. Nachdem ich wirklich im Glauben die bereitgelegten Werke Gottes genommen habe, danke ich für dieses Glaubensgut, das heißt, ich ehre, lobe und bete ihn an. Danken ist der Beweis, dass man genommen und bekommen hat.

29. Die sichtbare Erhörung meines Glaubens stellt sich nicht notwendigerweise sofort ein, wiewohl auch das geschehen kann. Die Manifestation des Glaubens im Sinne der sichtbaren Auswirkung kommt im Verlauf von Sekunden, Minuten, Stunden bis Monaten zustande. In dieser Zeit helfe ich nicht durch fleischliche Maßnahmen in Richtung Realisierung meines Glaubensschrittes nach, sondern bleibe im Glauben, in der Ausdauer, im erneuten Danken und in der Anbetung und genieße in meiner Vorstellung die innerlich erlebte, aber physisch noch nicht sichtbar eingetroffene Abhilfe.

30. Ich nehme ausdrücklich wahr: Gott begrenzte für uns seine Autorität und seinen Machteinfluss auf Erden, um unseren freien Willen und unsere Verantwortung bzw. Haushalterschaft auf Erden zu ermöglichen und uns mit Würde und Autorität über die Schöpfung auszustatten. *Der Himmel ist der Himmel des Herrn, aber die Erde hat er den Menschenkindern gegeben* (Psalm 115, 16).
Weil Jesus alle Voraussetzungen zum erfolgreichen Herrschen hier auf Erden durch sein Sterben und Auferstehen erbracht hat, liegt es nun an mir zu handeln. Handeln heißt nicht, die Heilungsarbeit an der kranken Erde oder meinen Lebensumständen selbst zu vollziehen – Selbstbefreiung und Selbsterlösung ist Sünde weil Unabhängigkeit von Gott –, sondern im Glauben die umfassende Errettung abzurufen und im Glauben anzuwenden, und zwar im Umkreis meiner geistlichen Zuständigkeit und meines Verantwortungsbereiches. Gott hält sich viel stärker an seinen ein-

mal gegebenen Erlass, dass wir für die Erde zuständig sind, als wir uns das gemeinhin vorstellen. Ein großer Teil von nicht erfolgten Gebetserhörungen hängt damit zusammen. Wir haben Gott Aufgaben zugeschoben, die wir mit der uns übergebenen Autorität und Ausstattung in seinem Namen selbst erledigen sollten.

31. Ich gehe davon aus, dass der Teufel und sein Reich und damit das ganze Weltsystem, dessen Gott er ist, besiegt ist. Dieser Sieg ist aber nicht unbedingt sichtbar, da auch er im Glauben ergriffen und deutlich gemacht werden muss, und weil dem Teufel eine Restfähigkeit geblieben ist, nämlich zu lügen. Indem die Menschen dieser Lüge Glauben schenken, das heißt seine Vortäuschungen als Realität ansehen und -nehmen, wird sie tatsächlich zerstörerische und zerstörte Wirklichkeit.

32. Ein Hauptschauplatz dieser Lüge ist der Bereich Krankheit. Weil es dem Teufel nicht erlaubt und nicht möglich ist, mit aktiver Zerstörung direkt auf Seele und Leib des Menschen einzuwirken, wählt er den ihm allein verbliebenen Weg über die Lüge. Er bietet diese Lüge in Gestalt von Gedanken, Impulsen, Informationen, Gefühlen und körperlichen Sensationen (Wahrnehmungen in Form von Symptomen) an, die suggerieren sollen, dass die echte Krankheit schon da sei, während diese sich erst durch gedankliche Annahme und verbale Zustimmung voll entwickelt.

33. Dieser Betrug, der im 2.Korinther 4, 3-6 dargestellt wird, sagt auch aus, dass der Teufel, der Gott dieser Welt, den Ungläubigen und offenbar auch vielen Gläubigen heute den Sinn, das heißt das Verstehen und Verständnis dieser Hintergründe verblendet hat, so dass diese die Zusammenhänge nicht verstehen und die umfassende Erlösungskraft des Evangeliums nicht erfahren können.

34. Die Aussage Jesu über den Verlust und den Raub seiner Worte, wenn diese nicht verstanden werden (siehe Matthäus 13, 19), beschreibt somit nicht nur eine umschriebene Einbuße des Wortes und die damit verbundene (und insofern verhinderte) Glaubenserfahrung, sondern das gesamte fatale Szenario ausgebliebener Hilfe und fehlender Wunder: Weil wir große Anteile der Ausführungen Jesu bezüglich der Kraft seiner Worte nicht richtig verstanden und in ihrer tiefen Bedeutung nicht erfasst haben, stehen wir ohnmächtig dem Sachverhalt der Zerstörung und den Attacken und Bosheiten des Teufels gegenüber, sofern es um seine Anschläge auf unsere physische Existenz und Lebensbedingungen geht und retten uns dann nur noch dadurch, dass wir in willkürlicher Umdeutung des Evangeliums seinen Auftrag, seine Kraft und seine Erfahrungsmöglichkeit reduzieren und insgesamt so unattraktiv machen, dass es auch in der verbleibenden Domäne Erlösung aus Sünde und Verdammnis nicht glaubhaft und begehrenswert erscheint.

35. Obwohl und nachdem Jesus den entscheidenden Sieg über den Teufel und sein Reich errungen hat, sind wird dennoch in einen eigenen Kampf gestellt, den guten Kampf des Glaubens. Jeder Nachfolger Jesu muss im Zustand erreichter Mündigkeit mit den Materialien des Sieges Jesu seinen eigenen Kampf gegen den bereits besiegten Feind bestreiten und bestehen, indem er mit den Worten Gottes voller Wahrheit und Glauben die Lügen des Feindes aufdeckt, zurückweist und den Feind bindet (siehe 1. Johannes 2, 14 und Jesaja 54, 17).

36. Mein Realitätsbezug und Realitätserleben müssen verändert werden. Es ist wichtig, dass meine Haupterkenntnisquelle nicht mehr die Summe der Sinneswahrnehmungen aus meiner sichtbaren Umwelt und meine Erinnerung sind, sondern die Beschreibung des Reiches Gottes und der unsichtbaren Welt, wie sie das Wort Gottes uns gibt. Diese nehme ich mit Lust zur Kenntnis, weil die neue Innenwirklichkeit mich von mancher Plage und Schmerz freihält.

37. Vor allem soll das Wort Gottes mir den Charakter Gottes nahe bringen. Er soll die entscheidende Größe in meinem Leben sein. Ich verhalte mich wie David, der über seinen Namen (Gottes Wesen und Charakter) Tag und Nacht nachdachte. Dabei werde ich auch Gottes Verlässlichkeit entdecken, was meine Affinität zum Wort erhöht und erleichtert. So entsteht in meinem Herzen Jubel. Gott wird mein Helfer und meine Seele wird ernährt und gesättigt. (Die fette Seele von Psalm 63, die sich von der Umwelt unabhängig macht.)

38. Es gibt in der Schrift Worte, die den Umgang mit schon bereitgestellten Erlösungsinhalten beschreiben und die eine Art Mindestkontingent meines Präsentwissens werden müssen und es gibt weitere Schriftworte, aus denen das „Das“ und das „Wie“ der Aneignung dieser Worte, also die Beschreibung des Glaubensgeschehens selbst, deutlich wird. Siehe die oben beschriebenen Verheißungsworte und die nachfolgenden Schriftstellen zu den Themen Versorgung, Finanzen, Heilung und Autorität über den Teufel, sein Reich und die Welt.

Kapitel 25
Bibelstellen zum Thema: Versorgung und Finanzen

2. Korinther 8

9 Denn ihr kennt die Gnade unseres Herrn Jesus Christus, dass er, da er reich war, um euretwillen arm wurde, damit ihr durch seine Armut reich würdet.

2. Korinther 9

8 Gott aber vermag euch jede Gnade überreichlich zu geben, damit ihr in
allem allezeit alle Genüge habt und überreich seid zu jedem guten Werk; 9
wie geschrieben steht: „Er hat ausgestreut, er hat den Armen gegeben;
seine Gerechtigkeit bleibt in Ewigkeit.“ 10 Der aber Samen darreicht dem
Sämann und Brot zur Speise, wird eure Saat darreichen und mehren und
die Früchte eurer Gerechtigkeit wachsen lassen, 11 und ihr werdet in allem
reich gemacht zu aller Freigebigkeit, die durch uns Danksagung Gott
gegenüber bewirkt.

Philipper 4

12 Sowohl erniedrigt zu sein, weiß ich, als auch Überfluss zu haben, weiß
ich; in jedes und in alles bin ich eingeweiht, sowohl satt zu sein als auch zu
hungern, sowohl Überfluss zu haben als auch Mangel zu leiden. 13 Alles
vermag ich in dem, der mich kräftigt.

Philipper 4

19 Mein Gott aber wird euch durch Christus Jesus alles, was ihr nötig habt, aus dem Reichtum seiner Herrlichkeit schenken.

Maleachi 3

10 Bringt den ganzen Zehnten in das Vorratshaus, damit Nahrung in
meinem Haus ist! Und prüft mich doch darin, spricht der Herr der Heer-
scharen, ob ich euch nicht die Fenster des Himmels öffnen und euch Segen
ausgießen werde bis zum Übermaß! 11 Und ich werde um euretwillen den
Fresser bedrohen, damit er euch die Frucht des Erdbodens nicht verdirbt
und damit euch der Weinstock auf dem Feld nicht fruchtleer bleibt,
spricht der Herr der Heerscharen. 12 Und alle Nationen werden euch
glücklich preisen, denn ihr, ihr werdet ein Land des Wohlgefallens sein,
spricht der Herr der Heerscharen.

Die folgenden vier Bibelstellen über Abraham sind im Zusammenhang zu lesen:

Galater 3

13 Christus hat uns losgekauft von dem Fluch des Gesetzes, indem er ein

Fluch für uns geworden ist – denn es steht geschrieben: „Verflucht ist jeder, der am Holz hängt!" – 14 damit der Segen Abrahams in Christus Jesus zu den Nationen komme, damit wir die Verheißung des Geistes durch den Glauben empfingen.

1. Mose 13
2 Und Abram war sehr reich an Vieh, an Silber und an Gold.

1. Mose 24
1 Und Abraham war alt, hochbetagt, und der HERR hatte Abraham in allem gesegnet

Galater 3
9 Folglich werden die, die aus Glauben sind, mit dem gläubigen Abraham gesegnet. 18 Denn wenn das Erbe aus dem Gesetz kommt, so kommt es nicht mehr aus der Verheißung; dem Abraham aber hat Gott es durch Verheißung geschenkt. 29 Wenn ihr aber des Christus seid, so seid ihr damit Abrahams Nachkommenschaft und nach Verheißung Erben.

Lukas 4
18 Der Geist des Herrn ruht auf mir; denn der Herr hat mich gesalbt. Er hat mich gesandt, damit ich den Armen eine gute Nachricht bringe; damit ich den Gefangenen die Entlassung verkünde und den Blinden das Augenlicht; damit ich die Zerschlagenen in Freiheit setze 19 und ein Gnadenjahr des Herrn ausrufe.

5. Mose 8
18 Sondern du sollst an den Herrn, deinen Gott, denken, dass er es ist, der dir Kraft gibt, Vermögen zu schaffen; – damit er seinen Bund aufrechterhält, den er deinen Vätern geschworen hat, so wie es heute ist.

Sprüche 3
5 Vertraue auf den Herrn mit deinem ganzen Herzen und stütze dich nicht auf deinen Verstand! 6 Auf all deinen Wegen erkenne nur ihn, dann ebnet er selbst deine Pfade! 7 Sei nicht weise in deinen Augen, fürchte den Herrn und weiche vom Bösen! 8 Das ist Heilung für deinen Leib, Labsal für deine Gebeine. 9 Ehre den Herrn mit deinem Besitz, mit den Erstlingen all deines Ertrages!

Kapitel 26
Bibelstellen zum Thema Heilung

Jesaja 53

3 Er war verachtet und von den Menschen verlassen, ein Mann der Schmerzen und mit Leiden vertraut, wie einer, vor dem man das Gesicht verbirgt. Er war verachtet, und wir haben ihn nicht geachtet. 4 Jedoch unsere Leiden – er hat sie getragen, und unsere Schmerzen – er hat sie auf sich geladen. Wir aber, wir hielten ihn für bestraft, von Gott geschlagen und niedergebeugt. 5 Doch er war durchbohrt um unserer Vergehen willen, zerschlagen um unserer Sünden willen. Die Strafe lag auf ihm zu unserm Frieden, und durch seine Striemen ist uns Heilung geworden.

Matthäus 8

16 Als es aber Abend geworden war, brachten sie viele Besessene zu ihm; und er trieb die Geister aus mit seinem Wort, und er heilte alle Leidenden, 17 damit erfüllt würde, was durch den Propheten Jesaja geredet ist, der spricht: „Er selbst nahm unsere Schwachheiten und trug unsere Krankheiten."

Markus 16

17 Diese Zeichen aber werden denen folgen, die glauben: In meinem Namen werden sie Dämonen austreiben; sie werden in neuen Sprachen reden, 18 werden Schlangen aufheben, und wenn sie etwas Tödliches trinken, wird es ihnen nicht schaden; Schwachen werden sie die Hände auflegen, und sie werden sich wohl befinden.

1 Petrus 2

24 Der unsere Sünden an seinem Leib selbst an das Holz hinaufgetragen hat, damit wir, den Sünden abgestorben, der Gerechtigkeit leben; durch dessen Striemen ihr geheilt worden seid.

Psalm 103

2 Preise den Herrn, meine Seele, und vergiss nicht alle seine Wohltaten! 3 Der da vergibt alle deine Sünde, der da heilt alle deine Krankheiten.

Sprüche 3

10 Dann füllen deine Speicher sich mit Vorrat, und von Most fließen über deine Keltern.

Sprüche 4

20 Mein Sohn, auf meine Worte achte, meinen Reden neige dein Ohr zu!

21 Lass sie nicht aus deinen Augen weichen, bewahre sie im Innern deines Herzens! 22 Denn Leben sind sie denen, die sie finden, und Heilung für ihr ganzes Fleisch. – 23 Mehr als alles, was man sonst bewahrt, behüte dein Herz! Denn in ihm entspringt die Quelle des Lebens.

3. Johannes 1

2 Geliebter, ich wünsche, dass es dir in allem wohlgeht und du gesund bist, wie es deiner Seele wohlgeht.

Kapitel 27

Bibelstellen zum Thema: Autorität über den Teufel, sein Reich und die Welt

Lukas 10

19 Siehe, ich habe euch die Macht gegeben, auf Schlangen und Skorpione zu treten, und über die ganze Kraft des Feindes, und nichts soll euch schaden.

Markus 16

18 Sie werden Schlangen aufheben, und wenn sie etwas Tödliches trinken, wird es ihnen nicht schaden; Schwachen werden sie die Hände auflegen, und sie werden sich wohl befinden.

Psalm 91

13 Auf Löwen und Ottern trittst du, Junglöwen und Schlangen trittst du nieder.

Johannes 16

33 Dies habe ich zu euch geredet, damit ihr in mir Frieden habt. In der Welt habt ihr Bedrängnis; aber seid guten Mutes, ich habe die Welt überwunden.

1. Johannes 5

4 Denn alles, was aus Gott geboren ist, überwindet die Welt; und dies ist der Sieg, der die Welt überwunden hat: unser Glaube.

1. Johannes 2

14b Ich habe euch jungen Männern geschrieben; denn ihr seid stark, und das Wort Gottes bleibt in euch, und ihr habt den Bösen überwunden.

Offenbarung 12

11 Und sie haben ihn überwunden wegen des Blutes des Lammes und wegen des Wortes ihres Zeugnisses, und sie haben ihr Leben nicht geliebt bis zum Tod!

Folgende Bücher sind im Aufbruch-Verlag erschienen:

Wolfhard Margies

Lust am Herrn	208 Seiten, 8,95 €
Die einzigartige Gemeinschaft mit dem Heiligen Geist	342Seiten, 12,95 €
Überwältigt von der Güte Gottes	49 Seiten, 4,00 €
Über den Umgang mit einem besiegten Feind	48 Seiten, 4,00 €
Das Erbe der Erwachsenen	82 Seiten, 5,00 €
Erkennen, Glauben, Bekennen	463 Seiten, 12,95 €
Glauben, der Wunder wirkt	112 Seiten, 7,50 €
Probleme sind (k)ein Segen	33 Seiten, 3,50 €
Das Kreuz der Gesegneten	98 Seiten, 5,00 €

Ana Méndez

Den Himmel erschüttern	203 Seiten, 14,95 €
Versetzt an himmlische Orte	207 Seiten, 14,95 •

Margies, Fritsch, Reuss

Deutsches Geschichtsbuch für Beter	173 Seiten, 12,00 €

Jim Goll

Prophetische Fürbitte Gottes Verheißungen auf Knien erbeten	313 Seiten, 15,50 €

Cindy Jacobs

Frauen – Gottes Auserwählte	330 Seiten, 17,80 €

Bestellung und kostenlose Kataloganforderung

Aufbruch-Verlag
der Gemeinde auf dem Weg
Waidmannsluster Damm 7 c-e, D-13507 Berlin

Tel: 030-85 79 19-65
Fax: 030-85 79 19-80

Besuchen Sie uns im Internet. Schauen Sie nach unseren wöchentlich aktualisierten Angeboten von Predigtkassetten, Videos und Büchern!

http:/www.aufbruch-verlag.de